GÜTERSDIE
LOHERVISION
VERLAGSEINER
HAUSNEUENWELT

Michael Winterhoff

Die Wiederentdeckung der Kindheit

Wie wir unsere Kinder glücklich und lebenstüchtig machen

GÜTERSDIE
LOHERVISION
VERLAGSEINER
HAUSNEUENWELT

INHALTSVERZEICHNIS

Ich kann mich noch sehr gut daran erinnern, wie ich 2004 zum ersten Mal das neue CLS-Mercedesmodell auf der Straße sah. Geduckt und buckelig sah das Auto aus, Seitenfenster wie Sehschlitze und ein total unproportioniertes Heck. Mein erster Gedanke war: »Mein Gott! Ist der potthässlich!« Jedes Mal, wenn in den folgenden Wochen und Monaten wieder einmal ein CLS an mir vorbeifuhr, hat es mich geradezu geschüttelt. Wie konnte jemand nur einen hohen fünfstelligen Betrag für so ein missratenes Design ausgeben? Und dann ... habe ich mich an den Anblick gewöhnt. Bald dachte ich: »Eigentlich ist der gar nicht so schlecht ...« Irgendwann begann ich sogar, das Modell richtig schick zu finden. Meine neue Einstellung gipfelte in dem Gedanken: »Das ist ja großartig, wie weit der Designer damals vorausgedacht hat.«

Erst als ich vor einigen Monaten eine Oldtimer-Ausstellung besuchte und dort einige der alten Mercedes-Modelle bewunderte, fiel es mir wie Schuppen von den Augen: »Boah, *das* sind schöne Autos!« Die fließenden, rasanten Linien und die Lebensfreude, die jedes einzelne Exemplar ausstrahlte ... Gegen dieses traumhaft sichere Design kam die missgestaltete Seepocke von 2004 nicht an. Dass sich meine Beurteilung des Designs der neuen Automodelle geändert hatte, war mir gar nicht bewusst gewesen. Das war einfach mit der Zeit passiert. Erst auf dem Oldtimerplatz ist mir schlagartig klar geworden, wie weit ich mich von meiner ursprünglichen Einschätzung entfernt hatte. Auf einmal war die Relation wieder da! Es war, als wäre ich aufgewacht. Ich konnte es gar nicht verstehen: Wie hatte ich das Modell von 2004 jemals für schön halten können!

Die Antwort ist ganz einfach. Auf den Straßen war ja fast nur noch die neue Version zu sehen gewesen, das Klobige war zur Normalform geworden. Denn auch die anderen Marken hatten nachgezogen und sahen vergleichbar aus. Die Oberklasse von BMW, Audi und Co. – alles massige Gefährte, die andere Verkehrsteilnehmer eher einschüchtern als bewundernde Seufzer entlocken.

Ob ich ein bestimmtes Auto schön oder hässlich finde – das ist rein subjektiv und eigentlich nicht der Rede wert. Doch ich erzähle diese Geschichte aus einem ganz bestimmten Grund. Ich will die Augen dafür öffnen, dass viele unserer Einstellungen, Erinnerungen und Erwartungen sich schleichend ändern. Nur wenn wir in einer Art Zeitsprung die alte und die neue Version nebeneinander betrachten können, merken wir, wie weit wir uns – ohne es mitzubekommen oder gar zu wollen – von unserem ursprünglichen Urteil entfernt haben. Es ist wie bei einem Vorhang, der jahrzehntelang am Fenster hängt. Es scheint uns so, als wäre er immer noch derselbe. Erst wenn wir ein Stoffmuster danebenhalten, aufbewahrt in einer dunklen Kiste und kaum gealtert, wird sichtbar, wie sehr seine Farben ausgeblichen sind.

Diesen Effekt will ich in diesem Buch nutzen. Denn innerhalb der letzten 25 Jahre hat ein Veränderungs- und Gewöhnungsprozess stattgefunden, der die Lebenswelten unserer Kinder komplett auf den Kopf gestellt hat. Fakt ist: Kinder, Jugendliche und junge Erwachsene von heute unterscheiden sich wesentlich von denen, die etwa um 1990 herum aufgewachsen sind. Nur eine Generationsspanne hat es gebraucht, um radikal veränderte Verhältnisse als völlig normal erscheinen zu lassen.

- Es ist normal, wenn Kinder und Jugendliche keinen freien Nachmittag in der Woche mehr haben, an dem sie sich spontan miteinander verabreden können.

- Es ist normal, wenn Schüler jeden Alters von ihren Eltern mit dem Auto zur Schule gefahren werden, auch wenn diese nur zehn Fußminuten entfernt liegt.
- Es ist normal, wenn Kinder und Jugendliche sich in fremder Umgebung – zum Beispiel in einem Hotel oder einem Restaurant – nicht zu benehmen wissen; genauso, wie es normal ist, wenn Erwachsene, die das Einhalten auch nur der allernotwendigsten Regeln des Miteinanders einfordern, geradezu reflexhaft als spießig und reaktionär beschimpft werden.
- Es ist normal, wenn Kinder und Jugendliche Tage lang hinter abgeschlossenen Zimmertüren auf Tauchstation gehen, um den Highscore eines Spieles zu knacken.
- Es ist normal, wenn Kindern und Jugendlichen – zum Beispiel in der Schule – auch die einfachsten Sachverhalte mehrfach erklärt werden müssen (»Bitte rennt im Museum nicht durch die Gänge«), bis sie verstehen, was von ihnen erwartet wird, und Lehrkräfte sich glücklich schätzen dürfen, wenn sie dem dann auch Folge leisten.
- Es ist normal, wenn die Anforderungen in Schule und Studium immer weiter nach unten korrigiert werden müssen, damit nicht ein Großteil der Lernenden in den Prüfungen versagt.
- Es ist normal, wenn trotz dieser Anpassungen ein erschreckend hoher Anteil unserer Kinder auf dem Arbeitsmarkt chancenlos ist, schon allein weil es ihnen an Konzentrationsfähigkeit und Frustrationstoleranz fehlt.

Diese Aufzählung soll hier genügen, auch wenn ich diese Liste natürlich noch verlängern könnte. Das Fatale ist nicht nur, dass so vieles im Argen liegt, sondern dass nur die wenigsten Erwachsenen wahrnehmen, dass überhaupt eine Veränderung stattgefunden hat. Vielen reicht ein »Ach, das ist doch alles nicht so schlimm, aus uns ist ja schließlich auch was geworden!«, um ihre eventuell aufkommenden Zweifel und Sorgen im Keim zu ersticken. Man gewöhnt sich eben an alles. Vor allem, wenn es keine Alternativen zu geben scheint.

Erst im Vergleich dazu, wie es früher einmal war, springt ins Auge, was heute schiefläuft. Könnte ein Zeitreisender aus dem Jahr 1990 unsere Zeit besuchen, dann würde er seinen Augen nicht trauen. Ich bin überzeugt, dass er noch nicht einmal *verstehen* könnte, was hier abläuft. Weil es eben so verrückt ist und so völlig an den Bedürfnissen der Kinder vorbei geschieht. Merkwürdigerweise haben wir, die wir in der heutigen Zeit leben, *nicht* den Eindruck, dass sich im Vergleich zu 1990 viel geändert habe. Deshalb möchte ich die Leser dieses Buches immer wieder einmal zurück in das Jahr 1990 führen. Bei dieser Zeitreise treffen wir auf Alex und Alexa (geboren 1990). Sie helfen uns dabei, die Welt von Luis und Luisa (geboren 2017) besser zu verstehen. Die Erlebnisse dieser Vier stehen für die *aller Kinder und Jugendlichen*, die zu der jeweiligen Zeit groß werden bzw. geworden sind.

Im Vergleich zu der Welt, in der Luis und Luisa zu Hause sind, wird klar: »Ach, stimmt. So war das ja mal! Hmm, jetzt sehe ich, dass bei uns einiges aus dem Ruder gelaufen ist.« Alex und Alexa aus der Vergangenheit helfen den Erwachsenen von heute zu verstehen, wie sie ihren Kindern Luis und Luisa in Familie und Schule wieder eine Kindheit bieten könnten, die ihren Namen wirklich verdient hat.

Die Neunzigerjahre sind aus Gründen, die ich noch weiter ausführen werde, für mich der Wendepunkt. Wohlgemerkt: Ich leide nicht unter nostalgischen Anwandlungen; nichts liegt mir ferner, als die Vergangenheit zu verklären oder gar die Verhältnisse vergangener Jahrzehnte wieder installieren zu wollen – weder die der Neunzigerjahre und erst recht nicht die der von Muff und hierarchisch geprägten Beziehungen geprägten Fünfziger. Oder anders gesagt: Ich will nicht den alten, verschlissenen Vorhang mit neuer Farbkraft künstlich aufpeppen. Mein Augenmerk richtet sich auf die Zukunft. Der Rückgriff auf die Zeit um 1990 dient allein dazu, deutlich zu machen, dass für unsere Kinder die Welt seitdem nicht besser geworden ist. Sondern dass sie verstörter, ausgelieferter, missbrauchter sind als zuvor. Und dass es höchste Zeit ist, wieder auf ihre tatsächlichen Bedürfnisse zu achten.

Gehen Sie mit mir in diesem Buch auf die Suche nach der Kindheit, so wie Kinder sie brauchen. Eine Kindheit, die sie zu glücklichen, lebenstüchtigen, selbstständigen Erwachsenen mit gut entwickelter Persönlichkeit werden lässt, die darauf brennen, als beziehungsfähige und verantwortungsvolle Menschen ihren Platz in der Welt zu finden.

TEIL I

SPIEL OHNE GRENZEN

2017: Der Lehrer kommt in die 5. Klasse und fordert seine Schüler auf, das Geschichtsbuch aus der Schultasche zu holen. Nur wenige der Schüler im Alter zwischen zehn und elf Jahren machen das sofort. Die meisten anderen kramen ausgiebig in ihren Taschen oder fragen:»Welches Buch?« –»Das Geschichtsbuch bitte, wir haben jetzt Geschichte.« –»Warum denn?« Erst nach wiederholter, geduldiger Aufforderung liegen endlich die Bücher auf den Tischen – vorausgesetzt, dass die Schüler das Buch am Morgen eingesteckt haben. Der Rest der Klasse ist mit den Gedanken ganz woanders. Einige liegen mit dem Kopf in den Armen auf den Tischen, andere unterhalten sich, gehen ganz zwanglos im Klassenraum umher. Luis, der in der zweiten Reihe am Fenster sitzt, ist genervt. Er hatte gehofft, dass er seine Hausarbeit vor der Klasse vorlesen darf. Er mag Geschichte, nicht nur, weil gerade die Kreuzzüge dran sind. Gestern hat er sich viel Mühe gegeben, einen Bericht über die Eroberung Konstantinopels zu schreiben. Er ist richtig stolz auf seine Arbeit. Doch das interessiert ja mal wieder keinen. Eine Viertelstunde ist schon vorbei, und der Lehrer hat noch nicht mal mit seinem Unterricht angefangen. Luis weiß genau: Damit wenigstens ein Teil des geplanten Stoffes durchgenommen werden kann, wird die Kontrolle der Hausaufgaben mal wieder ausfallen. Gelangweilt schaut er aus dem Fenster.

Darf ich vorstellen: Luis. Er ist 2017 geboren. Aber ... wie kann er in seinem Geburtsjahr schon in der 5. Klasse sein? Luis ist eben ein ganz besonderes Kind. Er ist gleichzeitig drei, fünf und sechzehn Jahre alt. Und alle Alter dazwischen hat er auch. Er kann also Luis, das Neugeborene, sein, dessen Geburt der stolze Vater gerade per Handy filmt, das Krabbelkind, das seinen ersten Eingewöhnungstag in der Kita hat, aber auch Luisa, die pubertierende 14-Jährige. Luis und Luisa zeigen uns, wie die heutige Welt für Kinder und Jugendliche aussieht. Denn wenn die Eltern von Luis und Luisa ihnen eine wunderschöne Kindheit schenken wollen, müssen sie erst einmal wissen, was das Jahr 2017 für die beiden bereithält.

Und dann ist da noch Alex. Er ist Jahrgang 1990. Auch er ist so ein Wunderkind, das alle Altersstufen gleichzeitig in sich vereint. Alex kann uns auch als Alexa begegnen. Er/sie matscht als Dreijähriger im Kindergarten mit seinem Schäufelchen im Schlamm und gleichzeitig unternimmt er/sie mit der Klasse einen Ausflug ins Museum bzw. macht als Lehrling die Abschlussprüfung. Ganz viele Momentaufnahmen bescheren Alex und Alexa uns in diesem Buch. Und alle finden sie im Jahr 1990 statt. Als Kindheit und Jugend noch ein wenig anders waren ...

1990: Der Lehrer kommt in die 5. Klasse – Geschichtsstunde. Die Bücher der 10- bis 11-jährgen Schüler liegen bereits auf ihren Tischen, sie wissen ja, welches Fach jetzt dran ist. Nach der Begrüßung sagt der Lehrer: »Schlagt bitte Seite 154 auf.« Robert, der Klassenclown, hampelt auf seinem Stuhl herum und macht eine witzig gemeinte Bemerkung. Der Lehrer hat nicht vor, den Unterricht stören zu lassen: »Das gilt auch für dich, Robert!« Kurze Zeit später sind fast alle in die

Welt der Kreuzzüge eingetaucht. Als der Lehrer dann Geschichten von Templern und anderen Kreuzrittern erzählt, ist auch Alexa, die bis dahin mit ihren Gedanken ganz woanders gewesen war und Löcher in die Luft gestarrt hatte, voll dabei.

Der direkte Vergleich zwischen Alexa (1990) und Luis (2017) bringt es an den Tag: Sie leben in völlig unterschiedlichen (Schul-)Welten! Genau das ist die Rolle von Alex und Alexa. Sie erinnern uns daran, dass Kinder vor nur etwas mehr als 25 Jahren ganz anders groß geworden sind. Denn auch wenn die meisten Erwachsenen meinen, dass sich nicht sehr viel verändert habe, könnten die Unterschiede zwischen der Erfahrungswelt von Luis / Luisa und Alex / Alexa kaum größer sein.

Zurück in Luis' Klassenzimmer. Ein Großteil der Kinder und Jugendlichen (und damit meine ich die Schüler *aller* Schultypen: Grund-, Haupt-, Realschule und Gymnasium, Gesamt- und Förderschulen, dazu die Sonderformen und auch die Berufsschulen) sind heute schlichtweg nicht in der Lage, an einem gemeinsamen Vorhaben wie zum Beispiel einer Schulstunde konstruktiv teilzunehmen. Schon das Befolgen einfachster Anweisungen ist ihnen kaum möglich. Entweder klinken sie sich aus, oder sie verwickeln die Erwachsenen in Diskussionen und lenken vom eigentlichen Thema ab. So kann nur ein Bruchteil dessen geschafft werden, was möglich gewesen wäre. Für die Lehrer ist das anstrengend und frustrierend. Gleichzeitig sind sie daran gewöhnt, ihre Schulstunden praktisch mit angezogener Handbremse abzuhalten. Die jüngeren Kollegen unter ihnen kennen es gar nicht anders.

Auch für die Schüler ist so eine Schulstunde nicht befriedigend. Diejenigen, die mitmachen und lernen wollen, sind frustriert. Die anderen wirken seltsam unbeteiligt an der Situation, in der sie sich befinden. Sie tun und lassen, was ihnen gerade einfällt. Wenn sie gerade Lust haben zu essen, holen sie aus der Schultasche einen Müsliriegel raus; wenn ihnen einfällt, dass es etwas mit ihrem Sitznachbarn zu besprechen gibt, tun sie es. Ob der Lehrer gerade mitten in einer Erklärung ist oder ein Mitschüler ein Referat hält, tut nichts zur Sache. Es ist, als lebten diese Kinder in einer Blase, deren Wände die Töne und Farben der Außenwelt nur gedämpft durchlassen.

Sind es viele Kinder, die so ein Verhalten aufweisen, oder handelt es sich um Einzelfälle? Ich möchte an dieser Stelle noch nicht auf diese Frage eingehen (dass es mehr sind, als man meint, ahnen Sie wahrscheinlich schon). Es geht mir erst einmal darum, Ihre Aufmerksamkeit auf das Verhalten von Kindern und Jugendlichen zu lenken, die um sich selbst kreisen und offenbar wenig von der Welt mitbekommen.

In meiner Praxis begegne ich diesen Kindern jeden Tag. Zum Ersttermin erscheinen mindestens ein Elternteil und das Kind. Wenn ich in den Warteraum gehe, um sie zu begrüßen, kann ich in der Regel nur den Eltern die Hand geben. Das Kind registriert mich nicht, es schaut nur kurz auf und spielt weiter bzw. daddelt auf seinem Handy. Als Nächstes möchte ich das Kind erst einmal alleine kennenlernen, ohne die Eltern. Ich bitte es also mitzukommen. Doch bis das Kind meiner Aufforderung Folge leistet, vergeht einige Zeit. Es spielt erst noch ein wenig weiter oder tut so, als müsste es aufräumen; die Älteren verstauen umständlich Handy und Kopfhörer in einer Hosentasche. Ich kenne das schon und warte deswegen nebenan in der Anmeldung. Wenn das Kind dann endlich kommt, geht es in drei von vier Fällen betont langsam. Ich als Person werde kaum wahrgenommen. **15**

Dieses Verhalten ist nicht etwa ein Zeichen dafür, dass ein Kind »schlecht erzogen« wäre. So viel möchte ich an dieser Stelle schon sagen: Mit Erziehung hat das Phänomen, das ich in diesem Buch beschreibe, rein gar nichts zu tun. Es handelt sich um etwas viel Tiefgreifenderes und Fundamentaleres.

1990: Ich weise der zehnjährigen Alexa im Untersuchungszimmer einen Stuhl: »Nimm bitte rechts auf dem Stuhl vor dem Schreibtisch Platz.« Sie setzt sich auf den Stuhl und schaut mich erwartungsvoll an. Wenn ich sie in einer späteren Untersuchung bitte: »Hüpf mal auf einem Bein zum Fenster!«, dann tut Alexa das. Als sie am Fenster angekommen ist, dreht sie sich zu mir um, um in meinem Gesicht zu lesen, ob es so in Ordnung war.

2017: Ich weise dem zehnjährigen Luis im Untersuchungszimmer einen Stuhl: »Nimm bitte rechts auf dem Stuhl vor dem Schreibtisch Platz.« Obwohl ich zusätzlich auch noch mit der Hand auf den Stuhl zeige, bleibt Luis neben dem Stuhl stehen und fragt: »Meinen Sie diesen?« Ich muss mehrmals wiederholen: »Nimm doch bitte Platz.« Es dauert eine Zeit, bis Luis endlich sitzt. Wenn ich ihm dann sage: »Hüpf bitte auf einem Bein zum Fenster«, fragt Luis: »Meinen Sie das da drüben?« Dabei befindet sich in dem Untersuchungsraum nur ein einziges Fenster.

Seit über 30 Jahren kommt jede Woche im Schnitt ein gutes Dutzend Kinder und Jugendliche zum ersten Mal zu mir in die Praxis. Es sind über die Jahre Tausende gewesen.

Während Alexa sich noch problemlos auf den rechten Stuhl gesetzt hat, sieht es 2017 ganz anders aus. Es ist fast schon wie ein Naturgesetz: Ein Drittel der Kinder landet auf dem linken Stuhl, ein Drittel fragt: »Den hier?«, und das letzte Drittel macht irgendwas anderes, nur nicht sich setzen.

Das erstaunliche Unvermögen, sich einfach auf einen Stuhl zu setzen, betrifft nicht nur ältere Kindergartenkinder und Grundschüler, auch Teenager scheinen nicht zu wissen, wo links und rechts ist. An ihrer Intelligenz kann das nicht liegen. Es sind ganz normale, durchschnittlich bis hochbegabte Kinder. Nur selten ist eines dabei, das tatsächlich neurologische Auffälligkeiten aufweist. (Nur in 2 bis 4 Prozent der Fälle ist die Ursache der Verhaltensauffälligkeiten von Kindern hirnorganisch bedingt.) Warum klappt es dann nicht mit dem Hinsetzen?

Auch in den Familien ist es normal, dass Kinder die von den Erwachsenen gestellten Aufgaben entweder sabotieren oder nur nach doppelten und dreifachen Aufforderungen ausführen. Man muss nur an die Auseinandersetzungen denken, wenn ein Kind oder Jugendlicher daheim mal den Tisch decken oder sein Zimmer aufräumen soll. (Viele Eltern haben es daher schon aufgegeben, von ihren Kindern eine Beteiligung im Haushalt einzufordern.) Die Frage ist: Was hält Kinder vom Kindergarten- bis ins hohe Teenager-Alter hinein davon ab, einfachste Aufgaben zu erfüllen? Sie sind ja nicht dumm! Statt mit ihrem Umfeld zusammen an einem Strang zu ziehen – was allen Beteiligten gemeinsam viel Freude machen würde –, schinden sie unwillig und lustlos Zeit durch ständige Rückfragen und andere Verzögerungstaktiken.

Um 1990 sah das Verhalten eines Kindes oder Jugendlichen in meiner Praxis noch ganz anders aus: Sobald ich den Warteraum betrat und die Eltern begrüßte, realisierte ein Kind bereits ab drei Jahren: Ich bin in einer fremden **17**

Umgebung, da kommt ein fremder Mann rein, der grüßt meine Mama und meinen Papa. Es stand dann auf und stellte sich neben seine Eltern, denn bei ihnen fühlt es sich sicher. Genau dies ist das Verhalten, das man bei einem normal entwickelten Kind in diesem Alter erwarten kann.

Ein Kind ab dem fünften Lebensjahr grüßte mich zurück, weil es sah, dass es seine Eltern auch taten. Auf meine Aufforderung hin kam es problemlos mit mir mit; ein rascher Blick auf die Eltern zeigte ihm ja, dass es in Ordnung war. Ich konnte das Kind vorgehen lassen, häufig war es etwas flotter drauf, so dass ich es schon mal etwas abbremsen musste. Im Untersuchungsraum nahm das Kind den zugewiesenen Stuhl ein – mit fünf Jahren kein Problem.

1990: Ich frage den fünfjährigen Alex, ob er schon zählen kann. Er bekommt große Augen und nickt eifrig. »Dann leg mal los«, sage ich. Alex fängt an zu zählen und wird von Zahl zu Zahl stolzer und größer. Als er bei fünfzehn angekommen ist, hat er rote Backen und ist ganz bekümmert, dass es nicht mehr weitergeht. Auch die Fragen nach seinen Geschwistern beantwortet er ausführlich. Als ich ihn auffordere, von seinen Freunden zu erzählen, ist er kaum mehr zu stoppen.

Heute haben wir fast schon vergessen, dass Kinder früher einmal schwingungsfähig, d.h. begeisterungsfähig waren. Wer weiß, wenn ich nicht genaue Aufzeichnungen aus dieser Zeit hätte – vielleicht könnte auch ich mich nicht mehr daran erinnern und die Sätze, die den fünfjährigen Alex beschreiben, als nostalgische Anwandlungen abtun.

Etwa um das Jahr 1995 herum nahm ich wahr, dass sich das Verhalten der Kinder und Jugendlichen änderte. Immer häufiger fiel mir auf, dass Kinder nachfragten: »Zu dem Fenster da drüben?«, »Kann ich nicht auch einen Kuli nehmen?«, »Soll ich in Druckschrift schreiben?« usw. Das war zuvor niemals vorgekommen. Ich konnte dieses neue, merkwürdige Verhaltensmuster zuerst gar nicht einordnen. Ich fragte meine Mitarbeiter, ob ihnen das auch aufgefallen sei. Sie bestätigten meine Beobachtung, waren aber genauso wie ich ratlos. In der folgenden Zeit wurde es für uns normal, dass eine Untersuchung deutlich länger dauerte, weil wir den Kindern alles doppelt und dreifach erklären mussten.

Es hat ein paar Jahre gedauert, bis ich erkannte, was da ablief: Das ständige Rückfragen, das Langsam-Gehen und das Sich-blöd-Stellen sind geniale Methoden, mit denen sich Erwachsene steuern lassen.

- Wenn das Kind fragt: »Meinen Sie diesen Bleistift?«, muss ich ihm antworten: »Ja, nimm diesen Bleistift.«
- Wenn es trödelt, muss ich warten.
- Wenn es sagt, es hätte nicht verstanden, was es tun soll, dann muss ich es ihm noch einmal erklären.
- Wenn es leise und undeutlich spricht, muss ich nachfragen.
- Wenn es ausufernde Antworten gibt, muss ich warten, bis es ausgeredet hat oder es unterbrechen.

Das Prinzip ist immer dasselbe – das Kind stellt sich nicht auf den Erwachsenen ein, sondern es bringt den Erwachsenen dazu, dass er sich auf das Kind einstellen muss. Mit anderen Worten: Das Kind drückt einen Knopf, und der Erwachsene reagiert. Ein großartiges Spiel!

Friederike ist gerade ein Jahr alt geworden. Sie läuft schon ganz gut, krabbelt aber auch gerne noch. Nichts in der Wohnung ist vor ihr sicher. Auf dem Couchtisch steht eine Orchidee in einem Übertopf. Sie merkt am Verhalten ihres Vaters sehr genau, dass sie nicht an die Pflanze gehen soll. Das ist für sie interessant, denn sie befindet sich in einer Phase, in der sie gelernt hat, dass sie ihre Eltern durch ihr Verhalten beeinflussen kann. Diese Entdeckung ist ein sehr wichtiger Schritt in ihrer Entwicklung.

Sie nähert sich der Orchidee und beobachtet dabei genau ihren Vater. Der runzelt die Stirn. Sie nähert sich weiter und wie erwartet ruft der Vater: »Rike! Bleib da weg!« Das Mädchen freut sich, dass alles nach Plan läuft, und fasst provokativ grinsend die Orchidee an. Der Vater steht aus seinem Sessel auf und geht auf das Kind zu, um es von der Pflanze wegzuholen. Friederike hangelt sich schnell um den Tisch herum und versteckt sich dann unter ihm. Sie giggelt vor Vergnügen, weil der Vater Mühe hat, sie unter dem niedrigen Möbel herauszuholen. Je länger sich das Fangenspielen hinzieht, desto erfolgreicher ist für Friederike die Aktion.

Die psychische Entwicklung eines Menschen verläuft vom Ungeborenen, das noch keine Trennung von innerer und äußerer Welt kennt, bis zum Erwachsenen, der für sich und andere Verantwortung übernimmt, klare und freie Entscheidungen trifft, die Konsequenzen seines Tuns bedenkt und deshalb vernunftorientiert und umsichtig handeln kann. Schritt für Schritt entfalten sich auf diesem von der Natur vorgezeichneten Weg die psychischen und damit auch die sozialen Fähigkeiten der Kinder (wenn sie nicht an dieser Entwicklung gehindert werden). Es gibt also nicht nur ein biologisches Alter, das nach Jahren, sondern auch ein psychisches Alter, das nach erreichten Reifestufen gezählt wird. Psychoanalytiker vom Range eines Freud oder Piaget haben diese im Ablauf unumstößlich festgelegten Schritte im 20. Jahrhundert wunderbar herausgearbeitet. (Die genaue Abfolge der Entwicklungsstufen, die die Psyche eines Menschen durchläuft, ist im Anhang zusammengefasst.)

Haben Sie sich gewundert, warum ich Friederike in dem Beispiel mit der Pflanze nicht als Luis oder Alex vorgestellt habe? Der Grund dafür ist, dass Luis, unser 2017er-Kind, und Alex, unser 1990er-Kind, mit 10 bis 16 Monaten noch kein unterschiedliches Verhalten aufzeigen. Bei beiden entspricht die Entwicklung ihrer Psyche ihrem biologischen Alter. Für Luis und Alex hat die Pflanze auf dem Couchtisch *dieselbe* magische Anziehungskraft. Kinder dieses Alters berühren die Orchidee, nicht weil sie sich für die Pflanze interessieren, sondern weil sie sich ihrem Alter entsprechend in der frühkindlich-narzisstischen Phase befinden und sie sich immer wieder vergewissern müssen, ob und wie ihre Umwelt auf ihr Tun reagiert. Deshalb setzen sie alles daran, ihre Eltern zu Reaktionen zu bewegen. Eltern kennen das. Sie müssen nur *denken:* »Hoffentlich geht der/die Kleine nicht da dran«, dann ist ihr Kind nach spätestens zwei Minuten an der Pflanze, den ausgebreiteten Steuerunterlagen oder der teuren Lampe. Kinder haben eben sehr schnell raus, welche Knöpfe sie drücken müssen, um eine Reaktion zu bekommen. Wie kommt das?

In der frühkindlich-narzisstischen Phase kann ein Kind noch nicht sicher zwischen Menschen und Gegenständen unterscheiden. Es hat bereits erfahren, dass der Raum, in dem es sich bewegt, durch Wände begrenzt wird; diese Grenzen empfindet das Kind als angenehm, sie geben ihm Halt. So weit, so gut. Aber da ist auch der Kleiderschrank – noch so eine Grenze, die sich nicht verschieben lässt. Und da sind Menschen, die sich bewegen, ein Kleiderschrank tut das aber nicht. Menschen lassen sich manchmal (im Spiel) wie ein Stuhl schieben, manchmal nicht. Das alles ist interessant für das Kind, das muss es untersuchen. Nicht immer handeln die anderen Menschen so, wie das Kind es erwartet. Manchmal kommt die Mutter, wenn es jammert, manchmal nicht. Also prüft es immer wieder die Reaktionen. Eine Mammutaufgabe! Deshalb ist der »Job« seiner Psyche in dieser Phase, ihren Impulsen nachzugehen und sich darin nicht unterbrechen zu lassen.

Wenn zum Beispiel die Mutter einen Termin hat und ihr 10 bis 16 Monate altes Kind zum Hinausgehen fertig machen will, das Kind aber ins Spiel vertieft ist (zum Beispiel: Was macht der Spielzeughund, wenn ich ihn an den Ohren ziehe?), wird es weinen und strampeln. Es will weiterspielen. Auf direktem Wege kann die Mutter ihr Kind nicht dazu bringen, kooperativ zu sein. Schon allein deswegen, weil den Kleinen noch jede Einsichtsfähigkeit fehlt. »Oh, Mama hat einen Arzttermin, da muss ich ihr helfen, dass sie sich nicht verspätet« – das kommt erst viel später. Die Mutter kann allerdings mit Ablenkungsmanövern ihr Ziel erreichen. Sie zeigt zum Beispiel auf das Lieblings-Schmusetier des Kindes und sagt: »Schau mal, was da Tolles im Buggy auf dich wartet!« Und schon ist der Impuls des Kindes auf etwas gerichtet, was der Mutter nutzt.

Eltern können also ihre 10 bis 16 Monate alten Kinder nicht auf direktem Wege beeinflussen. Es ist genau anders herum! Die Eltern werden von den Kindern dahingehend manipuliert, dass sie eine Reaktion zeigen – wann immer sich eine Möglichkeit dazu bietet.

Friederike klopft mit ihren Händen auf den Tisch. Nichts passiert; der Tisch wehrt sich nicht. Dann klopft sie auf die Schenkel ihrer Mutter. Diese sagt ihr: »Lass das bitte, das tut mir weh.« Friederike versteht natürlich noch nicht, was es bedeutet, wenn jemand anderem etwas wehtut. Aber sie merkt, dass etwas passiert. Ihre Mutter nimmt ihre Hände und hält sie fest. Oder sie wird aufgenommen und woanders abgesetzt. Oder ihr wird ein Spielzeug in die

Hand gedrückt. Immer aber kommt eine Reaktion der
Mutter. Erst später, nach vielen dutzend Durchläufen
derselben Situation, wird Friederike gelernt haben,
dass ihre Mutter nicht duldet, geschlagen zu werden.

Friederike lernt durch die Reaktionen ihrer Eltern: »Ah!
SO funktioniert die Welt!« Aufbauend auf dieser Sicherheit kann ihre Psyche bald die nächste Stufe erklimmen:
Mit zweieinhalb Jahren muss sie keine Bücher mehr aus
dem Bücherregal herausziehen. Das hat sie dann schon oft
genug gemacht, um genau zu wissen, *dass* da eine Reaktion
der Erwachsenen kommt. Nun *orientiert* sie sich an den
Reaktionen der Erwachsenen. Sie freut sich, wenn es heißt:
»Das hast du gut gemacht!«, und sie versteht es, wenn ihr
gesagt wird: »Das darfst du nicht!«

Jetzt aber, mit 11 Monaten, ist es für sie noch von
höchstem Interesse, was passiert, wenn sie an die Pflanze
geht. Sie hat erreicht, dass ihr Vater aufstehen musste.
Und ihre Mutter hat sie auf den Arm genommen und in die
Spielecke gesetzt, als Friederike auf ihre Beine gepatscht
hatte. Wieder einmal hat sich ihr Weltbild bestätigt: Sie
regiert die Welt.

Genau dies ist auch das Weltbild, das heute überall
in Kindergarten, Schule und auch in der Ausbildung vor-
herrscht: Kinder, Jugendliche und junge Erwachsene (wo-
bei sich das Wort »Erwachsener« hier nur auf das biologi-
sche Alter, nicht auf die Reife der Psyche beziehen kann)
steuern ihr Gegenüber und wollen auch immer wieder bestätigt haben, dass sie die anderen steuern können. Genau
wie Friederike bekommen sie nicht genug davon.

Bis zum Anfang der Neunzigerjahre war die Psyche der
Kinder fast immer ihrem Alter entsprechend entwickelt.
Alex aus dem Jahr 1990 hat also eine ganz normale Ent-

wicklung vom Neugeborenen zum lebenstüchtigen, selbstverantwortlichen Erwachsenen hingelegt: Mit drei war er kindergartenreif, mit sechs Jahren bereit für die Schule. Er lernte, seinem Alter gemäß Beziehungen einzugehen, sich in andere Menschen einzufühlen usw. Das bedeutet nicht, dass er sich nie mit seinen Eltern gestritten hätte oder dass er problemlos durch die Schule gekommen ist. Aber immer war seine Psyche so weit entwickelt, wie es seinem Alter gemäß war.

Luis hat nicht so viel Glück. Er kam zur Welt, als es längst normal geworden war, dass psychisches Alter und körperliches Alter voneinander entkoppelt sind. Seit etwa 1995 erreichen immer weniger Jugendliche ein Stadium der Reife, weil sie bis hinauf ins Erwachsenenalter (ein 1995 geborenes Kind hat heute die Zwanzig schon überschritten) in der Entwicklung ihrer Psyche »steckenbleiben«. Biologisch gesehen sind sie fünf, zehn oder zwanzig Jahre alt, doch ihre Psyche ist über die 10 bis 16 Monate nie hinausgekommen. Emotional-sozial gesehen, handelt es sich um Kleinkinder. Am Ende steht der junge Erwachsene, dessen Eltern in der Versorgungshaltung geblieben sind.

2017: Eine Mutter erscheint bei einem Sachbearbeiter der Arbeitsagentur. Ihr Anliegen: Sie will für ihren 25-jährigen Sohn Hartz IV beantragen. Als der Angestellte der Mutter sagt, das da der Sohn schon selber kommen müsse, antwortet diese: »Das geht aber nicht. Den kriege ich gar nicht hierhin.«

Dass Luis und Luisa auch als Kindergarten- und Schulkinder die Erwachsenen immer noch steuern, ist ein unheilvoller Mangel an psychisch-sozialer Entwicklung.

Natürlich würden die beiden eine entsprechende Frage beantworten mit: »Meine Eltern sind Menschen und keine

Stühle.« Aber sie *erfahren* und *behandeln* ihre Bezugspersonen als manipulierbare Gegenstände. Erkennbar ist das daran, dass die betroffenen Kinder rein lustorientiert sind – so wie die elf Monate alte Friederike auch. Wenn Friederike sich ihre Schuhe nicht anziehen lassen will, fängt sie an zu greinen und zu strampeln. Für ein Kleinkind von 10 bis 16 Monaten ist das ein altersgemäßes Verhalten. Nicht aber für eine Achtjährige, die einen Wutanfall bekommt, weil sie den Schokopudding erst essen soll, wenn es mit der Suppe fertig ist.

Wie kann es zu so einem dramatischen Entwicklungsstopp kommen? Luis und Luisa machen in ihren Familien, im Kindergarten und in der Schule nur selten die Erfahrung, dass Erwachsene ihnen etwas zu sagen haben.

Wichtig an dieser Stelle ist es zu verstehen, wie lebensnotwendig es für ein Kind ist zu lernen, dass es nicht immer nach seinem Willen geht. Für einen Entwicklungspsychologen hat der Begriff »Fremdbestimmung« keinerlei negativen Beigeschmack. Wissenschaftlich gesehen *brauchen* Kinder Erwachsene, die sie an die Hand nehmen und liebevoll und fürsorglich durch die Entwicklungsphasen ihrer Psyche begleiten und leiten.

Die einzige Phase im Leben, in der es wichtig und gut für einen Menschen ist, ohne Fremdbestimmung zu leben, ist das Säuglingsalter. Der Säugling schreit, die Brust kommt. Versäumnisse seitens der Eltern in dieser Phase führen dazu, dass das Kind kein Urvertrauen ausbildet. Doch schon mit etwa acht, neun Monaten fängt es an mit dem Abwarten, Aushalten und Auf-Erwachsene-Reagieren. Nun kann das Kind auch mal ein paar Minuten warten, bis der Brei fertig ist. Es lernt, dass da auf einmal jemand in seine Welt tritt, der darüber bestimmt, wie es weitergeht. Die Mutter sagt dem Kind, dass es abends nach dem »Sandmännchen« ins Bett geht. Die Erzieherin sagt ihm, dass nun Hasen aus dem **25** bunten Papier ausgeschnitten werden. Der Lehrer sagt ihm, dass es bis morgen einen Aufsatz schreiben soll.

Diese Fremdbestimmung hat nichts mit autoritärer Erziehung zu tun, deren Ziel ja »nur« eine Festigung von Hierarchien ist, sondern sie befähigt ein Kind mit zunehmendem Alter immer mehr, nicht sofort jeder Lust und Laune nachzugeben und mit Frustrationen umzugehen. Bei normaler Entwicklung macht ein Kleinkind die ersten Schritte auf diesem Weg, indem es zum Beispiel lernt, sich nicht vor der Eisdiele auf die Straße zu schmeißen, weil es kein Eis bekommt. Mit ca. 15, 16 Jahren sollte ein junger Mensch gelernt haben, sich selbst zu steuern. Er ist dann auch bereit, sich für ein in der Zukunft stehendes Ziel anzustrengen – das ist die Königsdisziplin der Selbstbestimmung. Er wird sich zum Beispiel aus eigenem Antrieb heraus in der Schule besonders anstrengen, um einen für sein gewünschtes Studienfach benötigten Notendurchschnitt zu erreichen. Weil er nun selbst die Übersicht hat, was wichtig und notwendig ist, braucht er immer weniger Führung und Anleitung von außen und kann sich von der Fremdbestimmung durch Eltern und Lehrer langsam wieder lösen. Der Jugendliche hat im Umgang mit den Erwachsenen ein gefestigtes Ich entwickelt. Mit der Fremdbestimmung in Ausbildung und Studium, am Arbeitsplatz und in der Beziehung zu einem Lebenspartner – und nicht zuletzt: mit der Fremdbestimmung durch seine eigenen Kinder – kommt er nun gut zurecht. Als Erwachsener trifft er vernünftige Entscheidungen und steht auf eigenen Füßen.

Es gibt keine Abkürzung zur maximalen (aber nicht totalen) Selbstbestimmung eines Erwachsenen, die ohne die ausreichend erlebte Fremdbestimmung durch Eltern, Lehrer usw. im Kindesalter auskommt. Deshalb hat es ja so katastrophale Folgen, dass die meisten Erwachsenen heute ein Problem damit haben, wenn Kinder fremdbe-

stimmt sein sollen. Das hat einerseits politisch-ideolo-
gische Gründe, andererseits seine Ursache in der Psyche
der Eltern. Zu beiden Punkten komme ich in den späteren
Kapiteln. Der Erfolg dieser Einstellung ist, dass die Kinder
gar nicht mehr erleben dürfen, dass sie angeleitet werden.
Weder zu Hause, noch im Kindergarten, noch in der Schule.
So formt sich in ihnen ein Weltbild ohne Erwachsene, die
ihnen etwas zu sagen hätten.

Aus diesem Grund können psychisch unterentwickelte
Kinder durchaus höflich, freundlich oder sogar interessiert
wirken, doch eine dem Alter gemäße, emotionale Verbindung zu anderen Menschen können sie nicht herstellen.
Aus wissenschaftlicher Sicht sind sie *tatsächlich* nicht in
Kontakt, weder zu Erwachsenen noch zu anderen Kindern.
Denn dazu wäre es ja notwendig, dass der Gesprächspart-
ner als Gegenüber wahrgenommen wird und nicht als »Gegenstand«, der sich steuern lässt.

Jeder Leser darf einmal in Gedanken die Kinder und
Jugendlichen seines privaten und beruflichen Umfeldes
durchgehen: Enkel, Neffen und Nichten, Patentöchter und
-söhne; Kinder von Freunden und Bekannten, Arbeitskol-
legen, Vereinsmitgliedern; Kindergartenkinder, Schüler,
Auszubildende usw. (Eltern wird es ein wenig schwerer
fallen, ihre Kinder relativ unvoreingenommen zu sehen).
Wie hoch ist der Anteil jener, die sich immer dann, wenn es
anstrengend wird oder sich etwas in ihren Weg stellt, ma-
nipulativ verhalten? Über Möglichkeiten, die Erwachsenen
zu steuern, verfügen sie ausreichend:

- Missmutig sein, schlechte Stimmung verbreiten
- Wutanfälle (später haben sie dann keine Erinnerung
  mehr an den Grund, warum sie ausgeflippt sind)
- Endlosdiskussionen (bis es für den Erwachsenen kei-
  nen Sinn mehr macht, weiter auf Ausführung einer
  Anweisung zu bestehen)

- Verzögern, Trödeln, Aussitzen
- Schweigen, sich aufs Zimmer zurückziehen

Noch einmal: Dies alles ist keine Erziehungsfrage! Wenn heute ein Kind diese Verhaltensweisen zeigt, dann liegt der Grund nur in den seltensten Fällen darin, dass es schlecht erzogen ist. Natürlich kann es sein, dass ein Kind psychisch unterentwickelt und *dazu* auch noch schlecht erzogen ist. Doch meist treffe ich in meiner Praxis besterzogene, sehr höfliche und entgegenkommende Kinder und Jugendliche. Doch sobald sie etwas tun sollen, wozu sie keine Lust haben, ändert sich ihr Verhalten schlagartig. Die Kinder entscheiden lustorientiert, ob und wann sie sich benehmen und ob sie kooperieren oder nicht.

Und der Erziehungs*stil*? Könnte zum Beispiel eine autoritäre Erziehung, die Kindern wenig Platz zur Entfaltung bietet, Ursache für eine mangelnde Entwicklung der Psyche sein? Natürlich hat der Erziehungsstil einen gewissen Einfluss auf die sich entwickelnde Persönlichkeit. Doch langfristig gesehen erweisen sich andere Einflüsse als mindestens ebenso stark. Im Normalfall wird sich die Entwicklung der Psyche gegen jeden Widerstand Bahn brechen.

Ich selbst bin 1955 geboren und wurde wie fast alle anderen aus meiner Altersklasse autoritär erzogen. Das war ein Erziehungsstil, der angstmachend war; zu Hause und in der Schule drohten Schläge. Die Folge war in meinem Fall, dass ich meine Eltern nur sehr begrenzt in Frage stellte. Erst mit etwa 13 Jahren, beginnend mit den Erfahrungen der 68-er Bewegung, machte ich die Entdeckung, dass das Leben nicht nur aus Parieren bestehen muss. Mit 15 beschloss ich, den Sprung von der Realschule auf das Gymnasium zu wagen. Trotz repressiver Erziehung war meine Psyche nun so weit entwickelt, dass ich aus eigenem Antrieb wusste: Da will ich hin! Weil ich es selbst so wollte, schaffte ich es trotz gefordertem Latinum. Mit 20 Jahren war ich – aus meiner heutigen Sicht – zwar immer noch eher zu autoritätshörig, aber auch das legte sich mit der Zeit.

Es gibt viele Wege, mit einem tyrannischen »So lange du deine Füße ...« fertig zu werden. Andere Kinder der damaligen Zeit reagierten mit mehr Widerstand gegen den autoritären Erziehungsstil. Doch die *psychische Entwicklung* der Kinder hat ein repressiver Erziehungsstil nur in den seltensten Fällen verhindern können. Selbst mit einem »Knacks« in der Persönlichkeit bleibt das Potenzial zur Persönlichkeitsentwicklung unangetastet. Es bleibt dabei: Es braucht mehr als »nur« eine misslungene Erziehung, um die Entwicklung der Psyche eines Kindes zu unterbinden. Anders herum gilt dasselbe: Wenn die Psyche sich nicht entwickeln konnte, hilft keine noch so gute Erziehung, um diese Leerstelle zu überbrücken.

Stellen Sie sich einen Computer vor, der über eine enorme Speicherkapazität und hervorragende Software verfügt (= Bildung und Erziehung). Dazu hat er genug Arbeitsspeicher, dass er komplizierteste Berechnungen in Sekundenbruchteilen erledigen kann (= Intelligenz). Doch das Betriebssystem (= psychischer Entwicklungsstand) ist Windows 95. Die Folge ist, dass der Computer trotz seiner großartigen Ausstattung dauernd abstürzt. Die Programme funktionieren einfach nicht mit einem Betriebssystem, das noch aus den Anfängen der Computerzeit stammt. Die Software noch schneller zu machen und die Speicherkapazität weiter zu erhöhen, bringt rein gar nichts. Solange das »Betriebssystem«, also die Psyche eines Kindes oder

Jugendlichen der eines Kleinkindes entspricht, wird es bei den Verhaltensauffälligkeiten bleiben.

Ich nenne das Jahr 1995 als Zeitpunkt der Wende. Dieser bezieht sich auf meine persönlichen (beruflichen und privaten) Erfahrungen im Raum Köln / Siegburg / Bonn. Lehrer und Eltern aus ländlichen Gebieten berichten mir, dass sie zwar dieselben Verhaltensauffälligkeiten beobachten, jedoch nicht seit 1995, sondern erst drei oder fünf Jahre später. Heute gibt es jedoch kaum noch einen Unterschied zwischen Kindern und Jugendlichen aus Großstädten und denen aus dem ländlichen Umfeld. Mittlerweile sind die ersten Kinder, denen Mitte der Neunziger die Reifung versagt wurde, volljährig geworden.

Ich fahre durch eine Einbahnstraße und bin noch etwa 30 Meter von der nächsten Querstraße entfernt. Da stößt ein Toyota von dieser Kreuzung rückwärts in die Einbahnstraße hinein. Der Fahrer will noch weiter rückwärts fahren, vermutlich, um in einen Parkplatz schräg hinter mir einzuparken. Doch da ist ja mein Auto als Hindernis. Ich bleibe stehen und warte, dass der andere wieder vorwärts aus der Einbahnstraße hinausfährt. Doch von vorne ertönt aggressives Gehupe. Durch die Scheibe sehe ich im Toyota jemanden wild gestikulieren. Weil von mir immer noch nicht die gewünschte Reaktion kommt, steigt der Fahrer aus, es handelt sich um einen etwa 22-jährigen jungen Mann. Er stellt sich neben meine Fahrertür und brüllt mich an. Es fehlt nicht viel, und er würde eine Blötsche in mein Auto treten. (Warum es auch passieren kann, dass ein 60-jähriger Fahrer so ein kindliches Verhalten wie in diesem Beispiel an den Tag legen kann, will ich im 8. Kapitel beschreiben.)

Diese Situation hatte etwas Groteskes. Der junge Mann sah nur sich und seinen Wunsch. Dass er im Unrecht war, interessierte ihn nicht. Problemeinsicht: Null. Wahrnehmung, dass auch noch andere Menschen um ihn herum sind: Null. Dass der junge Mann auf jemanden traf, der ihm Widerstand entgegensetzte, passte einfach nicht in sein Weltbild. Weil auch er schon bei den allerersten Schritten seiner psychischen Entwicklung steckengeblieben ist, versucht er, die Mitmenschen zu steuern (in diesem Fall durch aggressives Auftreten). Die Perspektive, dass sich die Welt nur um ihn dreht und alles andere sich seinen Bedürfnissen unterzuordnen hat, kann er nicht verlassen.

Solche Situationen werden wir in Zukunft öfter erleben, denn um 1995 sind ja nicht alle Kinder schlagartig in ihrer psychischen Entwicklung stehengeblieben. Jede Lawine fängt mit ein paar ersten, kleinen Schneebällen an. Die große Zahl der heute verhaltensauffälligen Kinder und Jugendlichen *wird* ja erst noch erwachsen!

Ich will es noch einmal ganz deutlich sagen: Innerhalb nur einer Generation haben sich die Entwicklungsmöglichkeiten für Luis und Luisa komplett verändert. Mein Fazit: Viele Eltern / Großeltern / Lehrer und alle anderen Erwachsenen, die ein Kind auf ihrem Weg zum Erwachsenen begleiten, machen ihren Job nicht.

1. Luis und Luisa fehlt es an Erwachsenen, die ihnen als klares Gegenüber zur Verfügung stehen und sie so durch die Entwicklungsstufen ihrer Psyche begleiten. Stattdessen finden die beiden sich in einem Vakuum wieder, in dem es keine Grenzen und damit keine Entfaltung gibt. Genauso wenig, wie ein im Weltall schwebender Astronaut springen kann, kann sich ihre Psyche ohne festen Boden entwickeln. **31**

2. Die Erwachsenen im Umfeld von Luis und Luisa lassen sich auch dann noch von den beiden steuern, wenn die Entwicklungsphase, in der dies wichtig und angemessen ist, längst vorbei sein sollte. Außerdem sorgen sie auch noch dafür, dass die Kinder in dem Raum, der ihnen eigentlich viel zu klein geworden ist, nichts vermissen. Damit ist die natürliche Expansion der Kinder – »Ich will laufen, in den Kindergarten gehen, in der Schule Rechnen und Schreiben lernen« – vollends ausgehebelt.

Materiell mag es Kindern heute außerordentlich gut gehen. Doch die Vorstellung, dass die heutige Gesellschaft den Kindern beste Entwicklungsmöglichkeiten und Chancen bietet, ist definitiv falsch. Indem wir uns unseren Kindern gegenüber auf eine Art und Weise verhalten, die das Wachstum ihrer Psyche über ein bestimmtes Stadium hinaus unmöglich macht, verurteilen wir sie dazu, ewig Kleinkind zu bleiben. Auch wenn es paradox erscheinen mag: Damit *schenken* wir ihnen keine wunderbare Kindheit, sondern wir *nehmen* sie ihnen.

»Meine Kindheit war nicht perfekt und wir waren nicht reich. Aber meine Geburtstage waren immer toll. Denn meine Freunde waren da. Es ging mir nicht um die Geburtstagsgeschenke, die Dekoration oder Ähnliches. Wir haben Luftballons geknallt, sind im Garten herumgelaufen und haben Kuchen gegessen. Ganz einfach. (...) Zu Hause spielten wir. Immer. Nach der Schule liefen wir von der Bushaltestelle nach Hause, schmissen unsere Rucksäcke in die Ecke und meine Mutter schubste uns aus dem Haus. Wir sind mit den Nachbarskindern umhergesprungen bis zum Abendessen. (...) Aber auch wenn wir im Haus waren, spielten wir mit unseren Spielsachen oder Videospielen. Wir machten Burgen aus Decken. Wir schauten Fernsehen. Wir rutschten die Treppen auf Kissen hinab. Unsere Eltern waren nicht dafür verantwortlich, uns zu unterhalten. Wenn wir gesagt hätten, dass wir uns langweilen, hätten wir im Haushalt helfen müssen.«[1]

Die kanadische Journalistin Bunmi Laditan hat es in ihrem Artikel, der im April 2014 in der Huffington Post erschien, auf den Punkt gebracht: So hat einmal eine unbeschwerte Kindheit in einem der westlichen, privilegierten Länder, die keine materielle Not kennen, ausgesehen. Die Kinder streiften im Trupp durch die Nachbarschaft und hatten Muße, sich in Phantasiewelten zu verlieren. Dieses Sehnsuchtsbild ist in unseren Köpfen, wenn wir heute an Kindheit denken: eine Zeit voller Unbeschwertheit, Freiheit und Fürsorge.

Luis und Luisa werden heute ganz anders groß. Ihre Erfahrungswelt ist meilenweit entfernt von den Tom-Sawyer-Abenteuern, die Bunmi Laditan beschrieben hat. Bis auf wenige Ausnahmen erleben Kinder heute eine Indoor-Kindheit, Soziologen sprechen auch von einer »verinselten Kindheit«. Was ist da los? Ist es für Luis und Luisa besser geworden? Schlechter? Fehlt ihnen etwas? Wenn wir unseren Kindern eine »schöne Kindheit« bieten wollen, dann müssen wir uns erst einmal einig sein, wovon die Rede ist: Was ist eigentlich Kindheit?

Ein kurzer Blick in die Vergangenheit zeigt, dass die Antwort immer abhängig davon ist, wie Kinder zu der entsprechenden Zeit von den Erwachsenen gesehen wurden. Er lässt uns auch erkennen, dass die Vorstellung von Kindheit, die wir heute haben, alles andere als selbstverständlich ist. Und er zeigt vor allem, wie kostbar und ungewöhnlich es ist und wie privilegiert wir sind, dass wir überhaupt die *Möglichkeit* haben, unseren Kindern eine Kindheit zu bieten.

Wir machen einen Sprung zurück ins Mittelalter, sagen wir in die Zeit vor 600 Jahren. Auffallend ist, dass es kaum Quellen darüber gibt, wie Kinder damals lebten. Wie sah ihr Tagesablauf aus? Was und wie lernten sie? Was spielten sie? Wie war ihre Beziehung zu den Erwachsenen? Es gibt ganze Bibliotheken voll von Urkunden, Verträgen und Berichten aus jener Zeit. Auf Inventarlisten ist jeder Knopf aufgeführt. Doch kaum jemand hat es damals für wichtig erachtet, über den Alltag von Kindern zu berichten. Was sie betrifft, ist es eine Zeit voller Fragezeichen ...

1417: ???

2017: Luis wird ein Leben lang von der Kamera begleitet. Zuerst kleben die stolzen Eltern seine pränatalen 3D-Aufnahmen ins Album und der Vater richtet im Kreißsaal den Videozoom auf das gerade geborene Kind. Auch später speichern Luis' Eltern Unmengen an Ton- und Bilddokumenten. Nicht nur der erste Möhrenbrei und der erste Schultag werden aufgezeichnet, in jeder Lebenslage ist der Alltag von Luis dokumentiert: beim Wickeln, beim Essen, beim Schlafen, beim Schmusen ... Wenn dann Luis mit sechs, sieben Jahren endlich ein eigenes Smartphone besitzt, vergeht kein Tag ohne Selfie. Hunderte WhatsApp-Nachrichten geben Auskunft darüber, was ihn bewegt und womit er sich beschäftigt. Zu den Bildern und Videoaufnahmen kommt kiloweise Papier dazu: Beurteilungen, Berichte und Zeugnisse aus Kindergarten und Schule, Patientenakten von Kinderärzten, Reiseunterlagen ... Und dann sind da noch tausende Bücher *über* Kinder und Bücher *für* Kinder, Spielzeug usw.

Ein Soziologe, der in 600 Jahren etwas über die Kindheit von Luis und Luisa erfahren wollte, hätte es wohl nicht schwer, sich ein Bild zu machen. Dies ist die erste Feststellung: Kinder spielen heute eine Rolle, sie werden wahrgenommen, ihr Leben hinterlässt eine breite Spur.

Und früher? Ganz grob gesagt: 1.000 Jahre lang wurden Kinder als kleine Erwachsene gesehen. Auf Gemälden des frühen Mittelalters erinnern die Proportionen eines nackten Jesuskindes auf Marias Schoß eher an einen kleingezoomten erwachsenen Mann als an ein Neugeborenes, Bizeps inklusive. Man hatte offensichtlich noch keinen Blick dafür, was ein Kind ist. Später kamen die Künstler mit den Proportionen eines Kinderkörpers besser zurecht, aber immer noch sind es kleine Erwachsene, die uns bis zum Ende des 18. Jahrhunderts aus schweren Goldrahmen anschauen: Kinder im Krabbelalter (Mädchen und Jungen!) in enge Mieder und Korsetts geschnürt, Schulbuben mit kleinen Degen an der Seite und vierjährige Mädchen mit Dekolleté. Hier sind keine Kinder im heutigen Sinne dargestellt, sondern Funktionsträger, repräsentativ in Szene gesetzt.

Was für die hochgestellten Familien galt, war auch bei Handwerkern und Bauern normal. Hier war deren Funktion allerdings nicht die Repräsentation, sondern das Arbeiten. Schon im (heutigen) Kindergartenalter waren Kinder zum Beispiel für das Kleinvieh verantwortlich. Spielen hieß für sie: die Erwachsenen nachahmen, um möglichst schnell im Arbeitsalltag mithelfen zu können. Darüber, ob sich Eltern intuitiv ihren Kindern zuwandten, um ihnen Liebe und Geborgenheit zu schenken, lässt sich nur spekulieren. Dass in Kindern ein ungeheures Bedürfnis nach Bewegungsfreiheit angelegt war und dass sie die Welt auf eigene Faust erfahren wollten, dafür hatten damalige Elterngenerationen allerdings kaum Verständnis.

Erst im Zuge der gesellschaftlichen und sozialen Reformbewegungen ab etwa 1780 setzte sich ein ganz anderes Bild der Kindheit durch. Das Wirken von Menschen wie Jean-Jacques Rousseau und Friedrich Fröbel führte zu einer Pädagogik des Wachsenlassens. Für Rousseau war der Erwachsene »der Gärtner und Anwalt des Kindes«; er wollte Kinder zu Menschen erziehen, nicht zu Berufsinhabern oder Standesangehörigen. Nach dem »dunklen« Mittelalter begannen die Menschen zu verstehen, dass Kinder eben keine kleinen Erwachsenen sind, sondern ganz besondere Bedürfnisse haben. Man erkannte, dass ihre Entwicklung Unterstützung braucht. Nun war endlich der Weg frei, Kinder intuitiv als Personen zu sehen und wertzuschätzen.

Die Einstellung, dass Kinder keine kleinen Erwachsenen sind, blieb die nächsten 200 Jahre lang, bis in die heutige Zeit unangetastet, durch Friedens- und Kriegszeiten, durch Hunger und Überfluss. Welcher Erziehungsstil angewendet wurde, unterschied sich allerdings grundlegend. Mal wurden den Kindern ungewöhnlich viele Freiheiten gelassen, mal war das Eltern-Kind-Verhältnis streng hierarchisch geregelt, und das Gehorchen und Funktionieren standen wieder im Vordergrund. Zwei Jahrhunderte lang schwang das Pendel von autoritär-hierarchischer Erziehung (»Kinder sollen funktionieren«) zu einer betont freien Erziehung (»Kinder müssen ihre eigenen Erfahrungen machen dürfen«) und wieder zurück. Aber – und das ist nun sehr wichtig – das *intuitive Bild*, das die Erwachsenen von Kindern hatten, war in diesen 200 Jahren relativ einheitlich. Nach den »kleinen Erwachsenen« des Mittelalters bis zur Aufklärung wurden nun *Kinder als Kinder gesehen.*

Damit war es möglich, dass die ersten Jahre im Leben eines Menschen als eine Phase verstanden werden konnten, in der die Psyche des Kindes genauso wie sein Körper erst noch wachsen muss. Dieser Zeitraum wurde nun geschützt. Genau das ist Kindheit: der Zeitraum, in dem sich ein Kind in einem geschützten Raum entwickeln darf, fürsorglich begleitet von seinen Eltern. Mit anderen Worten: Die Kinder des Mittelalters *hatten überhaupt keine Kindheit.* Kindheit ist eine Errungenschaft der letzten 200 Jahre.

Wie sah dieser geschützte Raum nun genau aus? Kinder wurden nach Möglichkeit von den Sorgen, Problemen, Nöten und nicht zuletzt von der Sexualität der Erwachsenen ferngehalten. (Für den Medienwissenschaftler Neil Postman war es das aufkommende Schamgefühl bei den Erwachsenen, das Kindheit erst möglich gemacht hat. Undenkbar für eine (gebildete/begüterte) Familie, dass sie zusammen in einem Bett schlief – Zeugung, Geburten, Krankheiten und Sterben inklusive!) Zuerst geschah das intuitiv. Später lieferte die Wissenschaft die biologischen Zusammenhänge nach und erklärte, warum diese elterliche Intuition so genau ins Schwarze traf. Für die Entwicklungsmöglichkeiten der kindlichen Psyche ist dieser geschützte Raum ein Segen, denn so ...

1. ... werden Kinder von ihren Eltern nicht mit Auseinandersetzungen und Problemen belastet, die sie noch gar nicht verstehen und einordnen können. Die Psyche kann sich weitgehend unbelastet von Unruhe und Schrecken gut entwickeln.

2. ... werden Kinder von ihren Eltern nur allmählich und deren Alter entsprechend in die Pflicht genommen, Entscheidungen zu treffen. Sie sind davor verschont, über ihr Alter hinaus Verantwortung tragen zu müssen, und es bleibt genügend Raum für das Spiel.

3. ... erfahren Kinder von ihren Eltern viel liebevolle Zuwendung. Die Eltern wissen intuitiv, was ihr Kind an Anregung, aber auch an Schlaf und Ruhe braucht. Sie kleiden und nähren es und sorgen für die nötige Hygiene. Geregelte Tagesabläufe inklusive gemeinsame Mahlzeiten sorgen für einen zuverlässigen Rhythmus.

Genau das sind die drei Dinge, die ich zu Anfang des Kapitels genannt hatte: Unbeschwertheit, Freiheit und Fürsorge. Auch auf die Gefahr hin, dass ich mich wiederhole: Diese drei Punkte hatten auch Eltern, die zum Beispiel in den frühen Fünfzigerjahren ihre Kinder erzogen, verinnerlicht. Ganz unabhängig vom Erziehungsstil – hierarchisch-autoritär und mit Gewalt oder progressiv-autoritativ – wurden die Kinder als Kinder behandelt, nicht als kleine Erwachsene. Auch (und gerade) Eltern, die meinten, auf einem starken Hierarchieunterschied zwischen ihnen und ihrem Kind bestehen zu müssen, wären nicht auf die Idee gekommen, ihre Ehe- oder Geldprobleme vor ihren Kindern auszubreiten.

In den Jahren etwa zwischen 1970 und 1990 ergab sich eine besonders günstige Konstellation. Die Erziehungsmethoden waren nicht repressiv und darüber hinaus stand den Eltern mehr Zeit als je zuvor zur Verfügung, sich mit dem Kind zu beschäftigen. In den Nachkriegsjahren mussten noch im Durchschnitt 55 Stunden in der Woche gearbeitet werden, nur der Sonntag war frei. Dann setzten die Gewerkschaften mit dem Slogan »Am Samstag gehört Vati mir!« durch, dass es in den Siebzigern nur noch 40 Stunden waren. Nun bestand das Wochenende aus *zwei* Tagen, und aus 15 Urlaubstagen waren etwa sechs Urlaubswochen geworden. Auch der Haushalt war nun dank Waschmaschine und Co. wesentlich weniger zeitintensiv. Dies war die »goldene Zeit« der Kindererziehung: eine gelungene Mischung aus einer traditionellen Auffassung von Kindheit, in der die Erwachsenen das Sagen haben und so ihren Kindern einen geschützten Raum bieten können, und modernen Erziehungsmethoden, die Rücksicht auf die Person und die Würde des Kindes nehmen.

Ein gutes Beispiel für die Auffassung von Kindheit, in die damals Kinder hineinwachsen durften, war die so genannte Familienkonferenz (Gordon-Konferenz). Um Konflikte zu lösen, setzten sich die Familienmitglieder in regelmäßigen Abständen zusammen und berieten gemeinsam, welche Regeln sie aufstellen könnten, ohne dass es Verlierer gibt. Den älteren Kindern und Jugendlichen wurde so viel Mitsprache zugestanden, wie es ihrem Alter angemessen war.

1950: Der 16-jährige Karl ist sauer. Er würde gerne am Samstag mit seinen Freunden ins Kino gehen, doch seine Mutter macht ihm einen Strich durch die Rechnung: »Der Film ist ja erst um 21 Uhr zu Ende. Kommt nicht in Frage!« Brummelnd geht Karl in sein Zimmer und starrt an die Decke.

1990: Der 16-jährige Alex ist sauer. Er hat sich für Samstag mit seinen Freunden in der Diskothek verabredet, doch seine Mutter macht ihm einen Strich durch die Rechnung: »Du bist um Punkt 21 Uhr wieder zu Hause!« Alex will nicht wie ein kleines Kind behandelt werden, um 21 Uhr geht es in der Disco doch erst richtig los! Am Abendbrottisch bringt er die Sache noch einmal zur Sprache. Auch der Vater ist der Meinung, dass 21 Uhr für einen 16-Jährigen vielleicht etwas früh ist. Die Mutter gibt zu, dass sie vorschnell reagiert hat. Und Alex sieht ein, dass seine Eltern aus Fürsorge handeln. In gegenseitigem Respekt besprechen alle drei eine Lösung, die die Bedürfnisse aller Beteiligten berücksichtigt. »Wie wäre es, wenn ich dich um 22 Uhr vor der Disco abhole?«, fragt der Vater. Mit dieser Lösung sind alle einverstanden.

Kinder, die unbeschwert von Erwachsenen-Problemen, frei von zu früher Verantwortung und getragen von liebevoller Fürsorge aufwachsen durften, zeichnen sich durch eine besondere Beweglichkeit im Denken aus. Sie haben sich zu gestandenen Persönlichkeiten entwickeln können, die Hierarchien und andere verhärtete Strukturen auch mal in Frage stellen und aufweichen können. Gleichzeitig gehen sie wertschätzend mit ihren Mitmenschen um, denn sie sind ja in ihrer Kindheit genauso wertschätzend behandelt worden.

Durch die wunderbare Kombination von Querdenken und Empathie erschließen sich in allen Bereichen des Miteinanders ganz neue Möglichkeiten, zum Beispiel auch im Arbeitsleben. Wer schon als Kind einüben konnte, auch mal »Das halte ich nicht für richtig« oder »Das möchte ich lieber nicht« zu sagen, der kann später auch seinem Chef angstfrei sagen, dass er eine bestimmte Entscheidung nicht gut findet. Stammt der Vorgesetzte aus derselben Generation, dann fühlt er sich nicht angegriffen und verpasst kraft seiner hierarchischen Stellung dem Mitarbeiter keinen Maulkorb, sondern kann dessen Vorschlag überdenken. Wenn der Chef dann sagt: »Stimmt, Sie haben Recht. Ihr Vorschlag ist besser als meiner«, dann ist das für das Unternehmen gut. Wenn er sagt: »Ich schätze Ihren Vorschlag, aber wir machen es trotzdem so, wie ich als Chef es gesagt habe«, ist es auch in Ordnung.

Hierarchie ohne Obrigkeitshörigkeit und Mitbestimmung ohne Endlosdiskussionen – dieses Erfolgsrezept hat vor allem Deutschland zu einem extrem erfolgreichen Land gemacht. Es wurden ungeheure Verbesserungen in der Lebensqualität und der Infrastruktur erreicht, Vermögen wurde aufgebaut, Bildung für alle ist selbstverständlich. (Dass ich mit der Art und Weise, wie heute Bildung vermittelt wird, nicht einverstanden bin, steht auf einem anderen Blatt und wird Teil eines der nächsten Kapitel sein.)

Ich selbst bin, wie gesagt, in den Sechzigern groß geworden, als Repressionen seitens der Eltern und Lehrer noch normal waren. Andere, noch Ältere, haben vielleicht sogar noch die existenzielle Not der Kriegs- und Nachkriegszeit am eigenen Leib erfahren müssen. Aber trotz allem haben unsere Eltern uns als Kinder gesehen und uns – soweit möglich – vor nicht kindgerechten Einflüssen geschützt. Die Offenheit, mit der die 1970-1990er Generation mit Hierarchien umgeht, haben wir Ältere von ihnen abschauen können. Gemeinsam gehören wir zu den erfolgreichsten Generationen der Geschichte.

Und die Kinder, die nach 1990 geboren wurden? Ist es für sie noch besser geworden? Ich will die Erfahrungswelt der heute 0- bis 25-Jährigen anhand der drei nun schon bekannten Aspekte Unbeschwertheit, Freiheit und Fürsorge beleuchten. Natürlich sind die drei Aspekte nicht scharf voneinander zu trennen, sie gehen ineinander über. Wie soll zum

Beispiel ein Kind unbeschwert aufwachsen, wenn die elterliche Fürsorge fehlt? Es kann auch keine Unbeschwertheit geben, wenn es dem Kind an Freiheit fehlt, wenn ihm also zu früh zu viel Verantwortung aufgebürdet wird.

- **Unbeschwertheit**
- Freiheit
- Fürsorge

Eltern, die ihren Kindern eine unbeschwerte Kindheit bieten wollen, belasten sie nicht mit Problemen, die sie in ihrem Alter noch nicht verstehen können. Natürlich bekommt ein Kind mit, wenn die Eltern dauernd Streit miteinander haben und sich überlegen, ob sie sich scheiden lassen. Es lässt sich auch nicht vermeiden, dass es erfährt, wenn irgendwo ein Terroranschlag viele Tote gefordert hat. Die Aufgabe der Eltern ist es dann, die Gefahren in der Wahrnehmung auf ein realistisches Maß zu reduzieren.

1990: Die elfjährige Alexa darf abends mit ihren Eltern die Nachrichten anschauen. Die meisten Beiträge sind für sie ganz schön langweilig, am liebsten hat sie die Sport-Nachrichten. Doch heute ist es anders als sonst: Die RAF hat einen Bombenanschlag auf einen Staatssekretär ausgeübt. Alexa wird klar, dass dieser Mordversuch ganz in ihrer Nähe, auf einer Bonner Autobahn, stattgefunden hat. Ein Seitenblick auf die Eltern zeigt ihr, dass sie entspannt bleiben. Doch das Thema lässt Alexa keine Ruhe. Am nächsten Morgen sprechen sie am Frühstückstisch über das Geschehene. Die Eltern vermitteln ihr, dass da einige Menschen etwas sehr Unrechtes getan haben, dass aber für die Familie das Leben ganz normal weitergeht.

2017: Luisa erinnert sich noch genau daran, wie sie mitten aus ihrer Vorweihnachtsfreude herausgeris-

sen wurde. Ein Terrorist hatte auf einem Weihnachts-
markt in Berlin viele Menschen getötet. Tagelang gab
es im Fernsehen eine Sonderberichterstattung nach
der anderen, in der viel vom Versagen des Staats die
Rede war. Dass ihr Vater ihr nun meistens zum Ab-
schied sagt: »Pass gut auf dich auf!« verstört sie mehr,
als sie sich eingestehen will. Wie soll sie denn auf sich
aufpassen? Wie geht das? Einmal hat ihre Mutter sogar gesagt: »Ich habe solche Angst!« Nun sitzt Luisa
im Bus, um zur Klavierstunde zu fahren. Hinter ihr
unterhalten sich zwei Erwachsene: »Man kann sich ja
gar nicht mehr sicher sein!« Luisa rutscht noch ein
wenig tiefer in ihren Sitz hinein.

Kinder hören in Situationen, die ihnen Angst machen,
sehr genau hin, was Erwachsene untereinander diskutieren. Wenn wir achtgeben, was wir reden, wenn Kinder in
Hörweite sind, und auch ein Auge darauf haben, was für
Sendungen im Fernsehen angeschaut werden, dann ist
schon die Basis dafür geschaffen, dass Kinder nicht un-
nötig verunsichert werden und Ängste ausstehen müssen.
Doch leider gehört es heute nicht mehr zu den Selbstver-
ständlichkeiten, Kinder vor der negativen Bilderflut des
Fernsehens bzw. Internets zu schützen.

Es ist die Aufgabe der Erwachsenen, dafür zu sorgen,
dass Kinder möglichst wenig aufschnappen, was nicht für
ihre Ohren und Augen bestimmt ist. Zur unbeschwerten
Kindheit gehört aber auch, sie nicht *direkt und willentlich*
mit Informationen zu konfrontieren, für die sie definitiv
noch nicht bereit sind. Beispiele dafür sind die heute übliche Sexualerziehung in Schule und Kindergarten und die
Bemühungen von Elternteilen, bei Beziehungsproblemen
mit dem Lebenspartner das Kind auf die eigene Seite zu
ziehen.

- Unbeschwertheit
- **Freiheit**
- Fürsorge

1990 wäre man nicht auf die Idee gekommen, Fünfjährige nach Ihrer Meinung zu befragen. Der Erwachsene hätte die Entscheidung für das Kind gefällt und auch die Verantwortung dafür getragen.

Genau das ist aus meiner Sicht eines der Grundübel der heutigen Beziehung zwischen Erwachsenen und Kindern: Den Kindern werden viel zu viel und viel zu früh Entscheidungen abverlangt. In den meisten Kindergärten ist es heute üblich, dass die Kinder frei entscheiden, ob sie in die Leseecke, Bastelecke, Turnecke oder Spielzeugecke gehen wollen. Oder vielleicht doch der Esstisch oder der Ruheraum?

Ich weiß, dass viele Eltern nun sagen werden: »Natürlich kann meine Luisa Entscheidungen treffen! Es ist gut, wenn mein Kind das so früh wie möglich einübt.« Es stimmt, um gute Entscheidungen treffen zu können, braucht es Erfahrung, und um Erfahrungen zu sammeln, braucht es viel Zeit und viele Durchläufe. Aber bitte mit Augenmaß! Ein Kindergarten- oder Grundschulkind kann natürlich sagen, wohin es lieber in den Urlaub fahren würde, nach Kroatien oder nach Italien. Doch das ist reines Würfeln, kein Entscheiden. Es hat ja keinerlei Erfahrungswerte. Trotzdem wird ihm die Verantwortung einer Entscheidung aufgebürdet. Wenn es in Italien dann zwei Wochen lang regnet und die achtjährige Luisa schlechte Laune hat, bekommt sie zu hören: »*Du* wolltest doch hierher!«

Wählen Kinder auf dem Spielplatz zwischen Schaukel und Sandkiste, ist das im Kindergartenalter eine angemessene Herausforderung. Mit dem Angebot von sechs und noch mehr unterschiedlichen Alternativen der Beschäftigung im Kindergarten sind sie dagegen schlichtweg überfordert. Sie sind einfach noch nicht so weit. Es ist, als würde man an einem Grashalm ziehen, damit er schneller wächst.

Auch in Bezug auf die Freiheit stelle ich fest: Viele Erwachsene wissen heute nicht mehr intuitiv (oder sie trauen sich nicht, ihrer Intuition zu folgen), was ihre Kinder überfordert.

- Unbeschwertheit
- Freiheit
- **Fürsorge**

Eltern lieben ihre Kinder innig, ernähren sie, kleiden sie ein, tragen sie auf dem Arm, fahren sie im Kinderwagen spazieren und leisten später den Fahrdienst zur Schule, zum Sport, zum Musikunterricht. Sie sorgen sich um die Zukunft ihrer Kinder und tun alles dafür, dass diese ihre Chancen ergreifen. Aber ist ihre Fürsorge immer genau das, was die Kinder brauchen?

1990: Alexa ist acht Jahre alt. Heute ist Samstag und sie darf bei der Oma übernachten. Nachdem sie von ihrer Mutter das Fahrgeld in die Hand gedrückt bekommen hat, macht sie sich auf den Weg. An der großen Durchgangsstraße ist eine Ampel. Mist! Weil die immer so lange Rot hat, verpasst sie ihre Straßenbahn. Jetzt muss sie eine Viertelstunde auf die nächste warten. Endlich kommt die Bahn. Nach fünf Haltestellen steigt sie in einen Bus um. Hier hat sie mehr Glück, der richtige Bus steht gerade zur Abfahrt bereit. Nach 50 Minuten ist sie endlich bei der Oma angekommen. Ein kurzer Anruf daheim, dass alles glatt gelaufen ist – und das Wochenende bei Oma kann beginnen. Der Apfelstrudel riecht schon gut aus dem Ofen.

2017: Luisa ist acht Jahre alt. Heute ist Samstag und sie darf bei der Oma übernachten. Sie könnte mit dem Bus dorthin fahren, doch sie traut sich nicht. Vor allem das Umsteigen macht ihr Angst, denn das hat sie noch nie allein gemacht. Ihrer Mutter ist es auch viel lieber, wenn sie Luisa mit dem Auto zur Oma bringen kann, das ist sicherer. Luisa packt ihren kleinen Koffer mit ihrem Lieblings-Spielzeug und ihren Lieblings-Büchern. Ihre Mutter legt noch eine Tupperbox von dem Müsli, das Luisa so gern zum Frühstück mag, dazu. Gut, dass das Köfferchen Rollen hat. Weil Mama auf dem Weg noch ein paar Besorgungen machen will, wird es immer später. Im Supermarkt ist Luisa knatschig, erst als sie endlich bei der Oma sind, bessert sich ihre Laune ein wenig.

2015 führte das Meinungsforschungsinstitut YouGov im Auftrag der *ZEIT* eine repräsentative Umfrage durch.[2] Mütter und Väter von Kindern im Alter zwischen fünf und fünfzehn Jahren wurden gefragt, wie viel Freiraum sie ihrem Kind im Grundschulalter geben bzw. geben würden, wenn es noch oder schon in diesem Alter wäre. Die Ergebnisse: Nur 52 Prozent der Grundschulkinder dürfen unbeaufsichtigt in der direkten Nachbarschaft spielen, 66 Prozent dürfen nicht allein in den Park gehen, 45 Prozent nicht allein Bahn oder Bus fahren. Der Radius, in dem sich Luis und Luisa frei bewegen können, ist auf wenige hundert Meter rund ums Haus geschrumpft. Wäre es nicht viel fürsorglicher, wenn Eltern ihren Kindern erlauben würden, ihre Umgebung zu entdecken?

Und wie sieht es in puncto Fürsorge mit anderen elementaren Bedürfnissen der Kinder aus? In meiner Praxis treffe ich jeden Tag auf Kinder, die nicht angemessen gekleidet sind. Sie sitzen im geheizten Wartezimmer mit Jacke, Schal und Mütze. Ihre Eltern kommen nicht auf die Idee zu sagen: »Zieh das mal aus!« Andere schlagen das ihrem Kind vor, doch wenn es keine Lust dazu hat, wird nicht weiter nachgehakt. Auch hier wieder die Auffassung, dass die Kinder schon selbst wissen, was gut für sie ist. Ich kann es nur wiederholen: Nein, das *wissen sie nicht*. Selbst bei normal entwickelter Psyche geht ein Zwölfjähriger im Winter unter Umständen noch im T-Shirt nach draußen. Vielleicht hat er seine Jacke nicht sofort gefunden, oder es schwirrte ihm gerade etwas anderes im Kopf herum. Er friert, na und? In seiner Welt gibt es noch nicht den Zusammenhang: Ich bin nicht warm genug angezogen und könnte deshalb krank werden. Selbst mit vor Kälte blauen Lippen kommt er nicht auf die Idee, sich zu sagen: »Mist! Ich hab meine Jacke nicht an. Ich sollte noch mal zurücklaufen und sie holen.«

Ich sehe auch immer mehr Kinder und Jugendliche, die auf mich einen ungepflegten Eindruck machen. Das fängt mit ungewaschenen Haaren an; nasse Haare sind eben unangenehm. Die meisten Kinder mögen es auch nicht, zum Friseur zu gehen. Auch das Schneiden von Finger- und Zehennägeln ist ein Problem. Und die Eltern lassen ihnen das durchgehen. Sie schicken ihr Kind daheim allein zum Duschen und gehen davon aus, dass es das schon hinbekommt. Wenn das Kind sagt: »Ich kann das schon alleine!« (ein Kind in einem gewissen Alter würde auch sagen: »Ich kann alleine ein Flugzeug fliegen!«), glauben sie ihm das unbesehen. Sie schauen nicht nach, ob Seife und Waschlappen benutzt wurden. Ihr intuitives Wissen, dass ein Kind viel Begleitung und Anleitung auch beim täglichen **47**

Waschen braucht und Hygiene über Jahre eingeübt werden muss, ist verschüttet.

Noch einmal: Eltern lieben ihre Kinder. Ich kenne niemanden, der seinem Kind willentlich etwas Böses zufügen will. Doch wenn wir uns einig sind, dass Kindheit darin besteht, dass Kinder in einem geschützten Raum Erfahrungen machen und ihre Psyche und Persönlichkeit entwickeln dürfen, dann ist nun klar, dass da etwas schiefläuft. Ich fasse zusammen, wie heute die Erfahrungswelt vieler Kinder aussieht:

- **Unbeschwertheit:** Kinder werden nicht vor Erwachsenenthemen (Sex und Gewalt in Fernsehen und anderen Medien, Streit unter Erwachsenen, Geldsorgen usw.) geschützt. Meine Diagnose: Das Kind wird als Erwachsener gesehen, den man mit Erwachsenenthemen behelligen kann.
- **Freiheit:** Kindern wird die Verantwortung für Entscheidungen aufgedrängt, die sie noch gar nicht überblicken können und die sie überfordern.
  Meine Diagnose: Das Kind wird als Erwachsener gesehen, der die Konsequenzen für seine Entscheidungen tragen muss.
- **Fürsorge:** Kinder werden einerseits überbehütet, andererseits werden sie überallhin mitgeschleppt und sollen sich selbst um angemessene Kleidung, Hygiene usw. kümmern.
  Meine Diagnose: Das Kind wird als Erwachsener gesehen, der über weite Strecken für sich selbst sorgen kann.

Kinder werden nicht mehr als Kinder gesehen, sondern als kleine Erwachsene – das ist ein Schritt zurück in mittelalterliche Verhältnisse. Der Schutzraum, den ihnen ihre

Eltern und andere Erwachsene 200 Jahre lang intuitiv zur Verfügung gestellt haben, ist den Kindern abhandengekommen. Und damit auch ihre Kindheit.

Die Kinder und Jugendlichen leiden nicht. Sie haben alles, was sie sich wünschen. Sie haben die Familie im Griff. Trotzdem: Ihre Psyche kann sich nicht entwickeln, sie bleibt auf einem Kleinkindniveau stehen. Für immer Kind sein – was für eine furchtbare Aussicht! Was aber am verstörendsten ist: Unserer Wahrnehmung nach ist alles bestens. In der Gesellschaft ist man sich sogar einig, dass wir unseren Kindern keinen größeren Dienst erweisen können, als sie partnerschaftlich wie kleine Erwachsene zu behandeln. Für die Kinder ist genau das jedoch eine Katastrophe.

Diepholz ist ein kleiner Landkreis mit 210.000 Einwohnern zwischen Osnabrück und Bremen. Im März 2016 schaffte es eine Meldung in die lokale Presse:[3] Der medizinische Fachdienst hatte die insgesamt zweitausend Kinder aus dem Landkreis, die ihrem Alter nach in die Grundschule kommen sollten, auf ihre Schulreife untersucht. Der Anteil der Kinder, bei denen Verhaltensauffälligkeiten diagnostiziert wurden, lag bei 34 Prozent! Sie litten unter Störungen des Sozialverhaltens (darunter auch Trennungsangst, Aggressionen und Enthemmung) und hatten Probleme mit Aufmerksamkeit und Konzentrationsfähigkeit. Armer Luis! Arme Luisa! Entweder leiden sie darunter, dass ein Drittel ihrer Klassenkameraden nicht fähig ist, sich in eine Klassengemeinschaft einzugliedern. Oder es ist ihnen sogar selbst verwehrt, unbeschwert, sozial eingebunden und neugierig aufs Leben über den Schulhof zu rennen, wie es die Natur für Sechsjährige vorsieht!

Wenn man zwischen den Zeilen liest, gibt es weitere Punkte, die einem zu denken geben:

- Nahezu alle Kinder aus dem Diepholzer Landkreis hatten zuvor einen Kindergarten besucht, waren also durch ausgebildete Erzieher betreut worden. Trotzdem war ein gutes Drittel von ihnen aufgrund von Verhaltensauffälligkeiten nicht schulreif.
- 33,5 Prozent der Kinder hatten schon eine Frühförderung erhalten: Krankengymnastik, Logopädie und/ oder Ergotherapie usw.
- Die Fachdienstleiterin des Kinder- und Jugendgesundheitsdienstes, die die Ergebnisse im Ausschuss für Jugend, Gesundheit und Soziales vorstellte, berichtete, dass es auch bei festgestellter Entwicklungsverzöge-

rung »aufgrund der Inklusion« keine Rückstellungen gegeben habe. Sie meinte: »Letztendlich ist es Sache der Schule, sich auf die Kinder einzustellen.«

Da bin ich anderer Ansicht. Es ist unsere Aufgabe, endlich die Augen aufzumachen und dafür zu sorgen, dass Kinder sich wieder ihrem Alter gemäß entwickeln können. Das Problem der Entwicklungsverzögerung wird ja nur weitergereicht. Von den Eltern zum Kindergarten, vom Kindergarten zur Grundschule, von der Grundschule zur weiterführenden Schule, von der weiterführenden Schule zum Ausbildungsplatz.

In diesem Kapitel geht es darum, was aus den Kindern wird, die in ihrer Entwicklung verzögert und verhaltensauffällig sind. Wie erleben sie Kindergarten und Schule, und wie schaffen sie den Übergang ins Erwachsenenleben? Zunächst aber will ich der Frage nachgehen, ob sich die Zahlen aus einem einzigen Landkreis auf ganz Deutschland, die Schweiz und Österreich übertragen lassen. Stimmt das überhaupt mit dem Drittel verhaltensauffälliger Kinder?

Leider ist selbst der in Diepholz festgestellte »unglaublich hohe« Anteil von 34 Prozent entwicklungsgestörter Vorschüler noch viel zu niedrig veranschlagt.

Wenn ich im deutschsprachigen Raum Vorträge vor einem Publikum aus Lehrern halte, frage ich sie anfangs oft, wie viele in ihrer psychischen Entwicklung retardierte Kinder sie ihrer Einschätzung nach in ihren Klassen haben. Die Antworten liegen bei vier bis fünf Schülern pro Klasse (was an sich schon Wahnsinn ist). Wenn man eine Klassenstärke von 30 Schülern zugrunde legt, sind das etwa 15 Prozent der Schüler, die von ihren Lehrern als verhaltensauffällig eingeschätzt werden. Das sind diejenigen, die auch nach fünfmaliger Aufforderung nicht mitmachen und **51** an denen das Bildungsangebot völlig vorbeigeht. Wie wir gesehen haben, äußert sich eine Entwicklungsverzögerung aber nicht nur in sichtbarem Quertreiben. Wenn ich im Vortrag darüber spreche, dass der Entwicklungsstopp der Psyche auf dem Niveau eines 10 bis 16 Monate alten Kleinkindes sich auch darin zeigt, dass die betroffenen Schüler

1. die Lehrer nicht nur durch extreme Verhaltensweisen, sondern auch durch subtile Methoden steuern (wie zum Beispiel durch sinnlose Rückfragen)
2. sich ausklinken, sobald von ihnen etwas abverlangt wird, wozu sie keine Lust haben,

dann höre ich förmlich, wie die Groschen fallen. Dann denken meine Zuhörer auch an jene Schüler, die gut mitlaufen und in ihren Lieblingsfächern sogar Einsen und Zweien haben, die aber dann, wenn sie etwas tun sollen, was ihnen nicht passt, nicht zur Kooperation bereit sind. Sie tun einfach das, wozu sie Lust haben.

Wenn die Lehrer den Zusammenhang zwischen Steuern und Lustorientierung einerseits und Entwicklungsverzögerung andererseits erkannt haben, korrigieren sie die Zahl für den Prozentsatz der in ihrer Entwicklung gestörten und damit verhaltensauffälligen Kinder und Jugendlichen deutlich nach oben: Für die Grundschüler liegt er in ihrer Einschätzung nach bei 70 bis 80 Prozent, für die weiterführenden Schulen etwas niedriger.

Man muss sich das einmal vorstellen! Zwei von drei, wenn nicht sogar vier von fünf Grundschülern fehlt die grundlegende Reife, zuverlässig Kulturtechniken wie Lesen, Schreiben, Rechnen zu erlernen. Diejenigen, die diese Einschätzung geben, sind nicht etwa ausgebrannte, lustlose Pädagogen, die als Kinderfeinde nur noch die Zeit bis zu ihrer Pensionierung absitzen. Es sind zum größten Teil engagierte Lehrer, deren Beruf oder gar Berufung es ist, Kindern Freude am Lernen zu vermitteln und sie auf dem

Weg ins Erwachsenenleben zu begleiten. Sie mühen sich bis zur Verzweiflung in ihren Klassen ab und wollen wissen, warum ihre Erfolge so spärlich sind. Doch nicht nur die Pädagogen (und Eltern) sind die Leidtragenden, sondern in erster Linie die Kinder selbst. Weil Luis' und Luisas Lustorientierung viel zu oft Erfüllung findet, sind sie um die Erfahrung gebracht, sich über mühsam Erreichtes freuen zu können. Aus Sicht eines Erwachsenen mit normal entwickelter Psyche ist ihre emotionale Welt stumpf und dumpf. Emotional sind sie wie gesättigt, deswegen empfinden sie zum Beispiel auch kaum Vorfreude.

1990: Die zehnjährige Alexa freut sich seit Wochen auf den Klassenausflug. Sie werden mit einem Bus in den Wildpark fahren. Alexa hat schon gehört, dass es dort Steinböcke gibt und sogar ein großes Wildschweingehege. Am meisten freut sie sich auf den Streichelzoo. Alexa weiß, dass es dort spezielles Futter zu kaufen gibt, und hat von ihrem Taschengeld schon etwas zurückgelegt. Wenn sie auf dem Pausenhof mit ihren Freundinnen auf- und abgeht, malen sie sich in schillerndsten Farben aus, wie sie die kleinen Zicklein füttern und vielleicht sogar in den Arm nehmen können. Aber auch auf den Abenteuerspielplatz sind sie gespannt. Wenn Julia, die schon einmal mit ihren Eltern dort war, von den riesigen Rutschen erzählt, fühlen sie einen wohligen Schauer ihren Rücken herunterlaufen.

2017: Die zehnjährige Luisa ist schon in den Bus eingestiegen, der ihre Klasse in den Wildpark fahren soll. Sie sitzt neben ihrer Freundin Julia, jede hört für sich über Kopfhörer Musik. Erst als ihre Klassenlehrerin zwei Tage zuvor ihren Schülern eine Liste mitgegeben hatte, was sie zum Schulausflug mitbringen sollen (festes Schuhwerk, Geld für Mittagessen usw.), ist Luisa der Klassenausflug wieder eingefallen. Es ist ihr aber egal, ob sie in der Klasse sitzt oder irgendwo in der Pampa herumsteht. Eigentlich hätte der Bus um Punkt acht Uhr vor der Schule abfahren sollen, doch neun der dreißig Schüler sind noch nicht eingetroffen. Also warten alle. Allmählich beschlagen die Fensterscheiben von innen. Luisa langweilt sich.

Rückblickend weiß ich, dass etwa 1995 die ersten Kindergarten- und Grundschulkinder, deren psychische Entwicklung auf einer Kleinkindstufe steckengeblieben war, zu mir in die Praxis gekommen sind. Heute sehe ich in meiner Praxis kein einziges Kind und keinen einzigen Jugendlichen, das oder der eine normale psychische Entwicklung aufweist. »Draußen«, in den Familien und Bildungseinrichtungen, sind die 100 Prozent noch nicht erreicht. Es gibt immer noch Eltern, die in sich ruhen und intuitiv ihren Kindern eine gesunde Entwicklung ihrer Psyche ermöglichen. Doch der Widerstand gegen ein Umfeld, in dem Kinder wie kleine Erwachsene behandelt werden, wird immer schwieriger.

Die Zahlen, die mir von Kita-Erzieherinnen genannt werden, liegen bei über 90 Prozent. Das heißt: Neun von zehn Kindergartenkindern steuern ihr Gegenüber und sind es nicht gewohnt, dass von ihnen etwas abverlangt wird, wozu sie keine Lust haben. Natürlich ist nicht gemeint, dass Kindergartenkinder auf Leistung und Gehorsam getrimmt sein sollen, so dass sie wie kleine Roboter alles tun, was die Erzieherin ihnen sagt. Was ich meine, ist Folgendes: 1990 war es noch möglich, dass eine Kindergartengruppe sich zusammensetzt und gemeinsam Lieder singt. Und zwar ohne dass dauernd Kinder aufspringen und dazwischenfunken.

90 Prozent verhaltensauffällige Kinder im Kindergarten, 70 bis 80 Prozent in der Grundschule – könnte es sein, dass die von mir befragten Erzieher und Pädagogen aus gruppendynamischen Gründen mir einen »Gefallen« tun wollen, indem sie besonders hohe Zahlen nennen?

Dagegen spricht, dass auch die Präsidentin des Verbands Kindergarten Zürich (VKZ) von einer »beträchtlichen Zunahme der Verhaltensauffälligkeiten« spricht. Den Rückmeldungen nach, die sie von den Mitgliedern des VKZ erhält, liegt der Anteil der betroffenen Kinder zwischen 20 und 80 Prozent.[4] Ich gehe davon aus, dass die Zahl 20 sich auf die Kinder mit offensichtlichen Verhaltensstörungen bezieht, und dass die Erzieherinnen, die eine weit höhere Zahl nennen, auch jene Kinder im Sinn haben, die aus den genannten Gründen nicht oder nur eingeschränkt konstruktiv an Aktivitäten mitwirken können.

Ab etwa sechs Jahren ist das Sozialverhalten eines Kindes normalerweise so weit entwickelt, dass es internalisieren kann. Das bedeutet: Es orientiert sich am Lehrer und macht dessen Regeln zu seinen eigenen. Schon nach wenigen Übungsdurchläufen ist dem Erstklässler klar: Es wird nicht in die Klasse reingerufen, sondern man meldet sich. Und wenn die Lehrerin sagt: »Hier wird keiner ausgelacht!«, dann hält sich ein normal entwickeltes Kind auch an diese Regel. Wenn die Lehrerin gerade nicht da ist, kann dieses Kind trotzdem einem Mitschüler »Du bist doof!« oder Schlimmeres zurufen. In Anwesenheit der Lehrerin würde es das aber nicht tun.

Ein psychisch normal entwickeltes Kind, das die erste Klasse besucht,

- ist wissbegierig und lernbereit,
- führt nach Aufforderung des Lehrers einfache Aufträge aus – »Alex, bitte putz die Tafel«,
- entwickelt unter Anleitung des Lehrers eine Arbeitshaltung,
- versteht die Abläufe im Schulalltag, zum Beispiel, dass es einen Unterschied zwischen Unterrichtsstunden und Pausen gibt.

Alex und Alexa (1990) haben die Voraussetzungen hierfür – wenn schon nicht in der Familie – spätestens im Kindergarten mit auf den Weg bekommen. Doch Luis und Luisa (2017) treffen heute im Kindergarten auf eine Umgebung, in der das Hören auf einen Erwachsenen mit Drill verwechselt wird. Deshalb dürfen sie im Wesentlichen selbst bestimmen, was sie tun bzw. lernen wollen. Genau aus diesem Grund sind so viele Kindergärten ja in den letzten Jahren umgebaut worden: Statt abgetrennter Gruppenräume gibt es nun oft *einen* großen Raum mit Leseecke, Bastelecke, Turnecke, Spielzeugecke usw. In diesem »Wildgehege« soll sich ihr Sozialverhalten »von innen heraus« entwickeln; Erzieherinnen sollen und dürfen nicht eingreifen.

1990: Der kleine Alex nimmt Simon einen großen roten Baustein weg. Er fühlt: »Ich brauche das jetzt, um meinen Turm fertig zu bauen.« Die Erzieherin sieht, wie Simon weinerlich das Gesicht verzieht. Sie setzt sich zu den beiden auf den Boden und sagt zu Alex: »Du, den Baustein hatte der Simon in der Hand. Den darfst du ihm nicht einfach wegnehmen. Frag ihn, ob er ihn dir gibt.« Doch Simon will den Stein behalten und nicht an Alex abgeben. »Na, Alex, dann suchen wir beide mal einen anderen Stein, der auf deinen Turm passt.«

2017: Der kleine Luis nimmt Simon einen großen roten Baustein weg. Er fühlt: »Ich brauche das jetzt, um meinen Turm fertig zu bauen.« Die Erzieherin sieht, wie Simon weinerlich das Gesicht verzieht. Ihren Impuls, sich zu den beiden auf den Boden zu setzen, muss sie unterdrücken. Die Kindergartenleitung hat klipp und klar vorgeschrieben, dass in solchen Fällen nicht interveniert werden darf. Die Kinder sollen lernen, Streitigkeiten unter sich auszumachen. Luis setzt den roten Stein auf seinen Turm, Simon brüllt und ist frustriert. Am Ende hat Simon den Turm zerstört, zwei Kinder heulen und die Erzieherin ist genervt.

Vierjährige können Streitigkeiten nur mit viel Übung und in Anwesenheit eines Erwachsenen untereinander schlichten. Doch an beidem fehlt es. Es ist ja nicht vorgesehen, dass Erzieherinnen einschreiten und den Kindern immer wieder die Regeln erklären und ins Gedächtnis rufen. Genau das wäre im Kindergartenalter für die Psyche der Kinder aber »dran«, denn es braucht viele, viele Schleifen bis ins Teenageralter hinein, bis ein sozialverträgliches Verhalten zuverlässig eingeübt ist. Wenn Luis mit vier Jahren nicht akzeptiert, dass der dringend benötigte rote Baustein schon vergeben ist, dann wird er es – ohne dass er von einem Erwachsenen an die Hand genommen wird – auch nicht mit sechs Jahren tun. Von allein kommt das nicht.

Die Kindergärten wären der geeignete Ort, Versäumnisse zeitnah nachzuholen und grundlegende soziale Fähigkeiten wie Frustrationstoleranz zu vermitteln. 1990 wären Verhaltensauffälligkeiten bei einem Kind sofort aufgefallen, und die Erzieherin hätte verstärkt entsprechende Verhaltensweisen mit dem Kind eingeübt. Doch 2017 ist das Kindergartenpersonal buchstäblich zurückgepfiffen worden. Nun finden Luis und Luisa im Kindergarten eine ideale Umgebung, in der sie ihre Lustorientierung und ihr steuerndes Verhalten fast hemmungslos ausleben können.

Wer nun argumentiert, dass ja die älteren Kindergartenkinder den jüngeren etwas beibringen können, befindet sich auf dem Holzweg:

1. Kinder können nur in sehr begrenztem Maße ohne »Rückendeckung« der Erwachsenen jüngeren Kindern etwas beibringen (das gilt übrigens für Sechsjährige, die Vierjährigen ein Vorbild sein sollen, genauso, wie für 16-Jährige, die 14-Jährige über die Runden bringen sollen). Natürlich schauen sich jüngere Kinder bei den älteren etwas ab – aber ob das immer die Verhaltensweisen sind, die zu einem sozialverträglichen Miteinander führen, ist sehr fraglich.

2. Kinder bei der Entwicklung ihrer emotionalen und sozialen Fähigkeiten zu unterstützen ist eine tägliche Herausforderung – alle Eltern wissen das. So eine Aufgabe an etwas ältere Kinder oder gar Gleichaltrige zu delegieren und sich dann als Erwachsener zurückzuziehen und »der Natur ihren Lauf zu lassen«, ist unterlassene Hilfeleistung. Die mit der Unterstützung beauftragten Kinder werden in ihrer Freiheit beschnitten und bekommen eine Verantwortung aufgedrückt, die sie nicht tragen können.

Wie geht es Luis und Luisa aber dann, wenn sie vom Kindergarten in die Grundschule wechseln?

In der Grundschule soll das »lernorientierte Arbeiten« den Kindern in erster Linie Spaß machen, denn das Credo der federführenden Pädagogen lautet: Am besten lernt der Schüler, wenn er Spaß hat und das Lerntempo selbst bestimmen kann. So wie die Erzieherinnen in den Kindergärten sollen auch die Lehrer in den Grundschulen nur als »Lernbegleiter« in Erscheinung treten. Dieses Verständnis von Schule passt zu den in ihrer Entwicklung gehemmten Kindern wie das Schloss zum Schlüssel: Hier dürfen sie über weite Strecken ihre Lustorientierung ausleben und die Lehrer steuern, ohne dass diese es merken oder etwas dagegen tun würden. Wie im Kindergarten erregt es auch in der Grundschule kaum Anstoß, wenn Kinder nicht über grundlegende soziale Fähigkeiten verfügen (zum Beispiel zuhören und sich in andere einfühlen können, Frustrationen wegstecken und etwas tun, auch wenn es keinen Spaß macht).

Solange die Kinder selbst bestimmen dürfen, was gerade dran ist, kommen sie gut mit ihren Lehrern zurecht, und es fällt nicht immer auf, dass sich da längst gewaltige Lücken in der Entwicklung aufgetan haben. Weil Luis und Luisa zu den intelligenteren Kindern gehören, müssen sie sich nicht einmal anstrengen, um die ersten vier Klassen mit guten Noten zu schaffen. Das einzige Problem: Da es Regeln, die ein ruhiges Lernen und Einüben ermöglichen würden, nicht gibt (oder ihre Einhaltung nicht mit aller Konsequenz eingefordert wird), ist der Schulalltag für Lehrer und Schüler enorm anstrengend.

Die Versäumnisse werden oft erst an den weiterführenden Schulen offenbar. Lehrer, die in den fünften und sechsten Klassen unterrichten, berichten mir immer wieder dasselbe: Die Kinder bringen wenig Fähigkeiten und Fertigkeiten mit. Eine Gymnasiallehrerin fasste es so zusammen:

2017: »Was die Kinder von der Grundschule mitbringen, ist sehr überschaubar. Sie verfügen über immer weniger Substanz. Wir müssen ihnen erst einmal Schreiben und Rechnen beibringen. Dass sie in den allermeisten Fällen über keine nennenswerte Arbeitshaltung, geschweige denn Frustrationstoleranz verfügen, macht die Sache für uns nicht einfacher.«

Und die Schüler? Für sie ist es so, als liefen sie vor eine Wand. Auf einmal dürfen sie sich nicht mehr an der »Lerntheke« bedienen, sondern es soll nach einem Lehrplan gehen. Niemand hat mit ihnen zuvor eine ausreichende Arbeitshaltung eingeübt und sie haben auch keine Ahnung davon, dass es auf der Welt auch ganz anders zugehen kann, als sie es sich vorstellen. Das ist für die Schüler äußerst verwirrend. Wie sollen sie sich in einer Umgebung zurechtfinden, in der sich nicht alles wie gewohnt um sie dreht? Dazu kommt, dass spätestens jetzt viele Eltern Druck machen, dass der Schulabschluss mit guten Noten geschafft wird. Da geht die Lust am Lernen ganz schnell flöten. Kein Wunder, dass viele Schüler mit großem Nachdruck revoltieren.

Wenn Luis und Luisa das große Glück haben, an Pädagogen zu geraten, die mit ihnen (intuitiv) die Lücken in ihrer Entwicklung auffüllen, dann können sie das Versäumte nachholen. Sie können eine Arbeitshaltung entwickeln und dürfen erleben, wie wunderbar es ist, etwas zu schaffen, von dem man gar nicht glaubte, dass es zu schaffen ist. Meist besteht ihr Schulleben aber darin, dass auf dem Fundament ihrer 10 bis 16 Monate alten Psyche ganze Türme an »Kompetenzen« aufgebaut werden.[5] Die Schüler behalten ihre Lustorientierung bei, der Unterricht wird für alle Beteiligten zur Qual (an die man sich allerdings gewöhnen kann).

Es sind schwerwiegende psychische Defizite, die die Kinder und Jugendlichen, von denen ich hier spreche, aufweisen. Zu der Lustorientierung und dem Steuern des Gegenübers kommt noch ein weiterer Punkt hinzu: Als Jugendliche haben sie keinen Begriff von der Zukunft. Natürlich können sie sich darauf einrichten, dass ein neues Computerspiel in zwei Wochen herauskommt. Aber das Verständnis davon, was Zukunft bedeutet, geht nicht sehr tief.

Ich fasse zusammen: Luis und Luisa fehlt die Basis für grundlegende soziale Kompetenzen, weil sie nicht über eine ihrem Alter entsprechend entwickelte Psyche verfügen. Ihre sozialen Kompetenzen hinken weit hinter ihrem biologischen Alter her, sie leben im Moment und haben keinen Antrieb, etwas zu tun, was ihnen keinen Spaß macht. Sie halten Frustrationen nur wenig aus und ein guter Teil ihrer Energie geht dabei drauf, unbewusst die Menschen in ihrem Umfeld zu steuern. Was sie auf dieser Basis in der Schule leisten können, ist überschaubar.

Der Grund dafür, dass Ausbildungsplätze nicht immer einen Lehrling finden, wird gerne mit den geburtenschwachen Jahrgängen erklärt. Meiner Erfahrung nach liegt das Problem aber zum größten Teil in der mangelnden psychischen Entwicklung der Jugendlichen. Statt aus Bequemlichkeit immer nur auf die niedrige Geburtenrate hinzuweisen, sollten wir endlich für ein gesellschaftliches Umfeld sorgen, in dem Kinder eine gesunde psychische Entwicklung nehmen können – und damit auch wieder eine Kindheit erleben dürfen.

Ich will natürlich die Perspektive von Luis und Luisa nicht vergessen. Die beiden sind diejenigen, die am meisten verlieren:
- die Chance auf eine gesunde Entwicklung ihrer Psyche,
- die Chance auf tragende Beziehungen,

- die Chance auf ein Selbstvertrauen, das sie durch die Krisen des Lebens trägt,
- die Chance auf ein selbstbestimmtes, emotional reiches und vielfältiges Leben.

Auch bei reduzierter emotionaler Ausstattung merken die Jugendlichen irgendwann, dass etwas mit ihnen nicht stimmt. Viele von ihnen fühlen sich matt und antriebslos, schätzen sich deswegen als depressiv ein. Sie sind es natürlich nicht, schon allein aus dem Grund, dass diejenigen, die wirklich unter Depressionen leiden, dies nicht in Eigendiagnose erkennen können. Luis und Luisa sind nur *wie* depressiv, wenn es um Schule, Ausbildung und andere Lebensbereiche geht, die ihnen keinen Spaß machen. Im Lustbereich, zum Beispiel bei einem Computerspiel, können sie sich locker stundenlang amüsieren. Eine echte Depression durchtränkt dagegen das gesamte Leben.

Luis und Luisa sind die Verlierer. Weil ihnen die psychische Reifung verwehrt blieb, verläuft ihr Weg aus der Nicht-Kindheit geradewegs in das Nicht-Erwachsensein. Sie können keinen Platz für sich finden, sie sind grenzenlos verloren.

TEIL II

GRENZENLOS VERLOREN

Alle Welt macht sich über Helikopter-Eltern lustig. Vor allem diejenigen, die selber Kinder haben, schmunzeln, wenn wieder einmal in einer Zeitung oder einem Magazin ein Artikel erscheint, der Eltern, die kontrollwütig um ihr Kind kreisen, aufs Korn nimmt. Auch Curling-Eltern, die ihren Kindern jedes Hindernis aus dem Weg räumen, und Tiger Moms, die ihnen unnachgiebig Höchstleistungen abverlangen, kommen nicht ungeschoren davon. Im Grunde geht es ja immer um dasselbe: Die Eltern lassen ihren Kindern kaum Luft zum Atmen.

Helikopter-Eltern – das sind immer die anderen. Doch *alle* Eltern wollen für ihr Kind das Beste. Es soll eine glückliche, unbelastete Kindheit haben, in der es Freiräume erobern und eigene Erfahrungen machen darf. Ich kenne keine einzige Mutter und keinen einzigen Vater, der das nicht sofort unterschreiben würde. *Niemand* will sein Kind so fest an sich binden, dass es ein Leben lang unselbstständig bleibt. *Niemand* will zum Rechtsanwalt seines Kindes mutieren, der sofort mit Klage droht, sobald in der Schule ein Problem auftaucht. Und *niemand* will sein Kind durch Förderwahn ganz rappelig machen.

Aber – und jetzt kommt das große Aber – viele Eltern können heute gar nicht mehr aus ihrer Haut heraus, wenn es um ihre Kinder geht. Alles, was ihren Kindern widerfährt, nehmen sie persönlich. Wenn Luisa bei einem Wettkampf verliert, ist es für ihre Mutter so, als hätte sie selbst verloren. Wenn Luis eine Sechs in Erdkunde hat, ist der Vater am Boden zerstört, als hätte er selbst die Sechs bekommen. Die Gelassenheit, mit der die Eltern von Alex und Alexa ihre Kinder sehen konnten, steht Luis' und Luisas Eltern nicht zur Verfügung. Weil die Eltern im ständigen Alarmmodus sind, gibt es in heutigen Familien so viel Streit und Ärger.

1990: Alex in seiner Entwicklung zu begleiten und ihn ins Erwachsenenleben zu bringen, erfüllt seine Eltern mit tiefer Freude. Das Familienleben ist harmonisch, Eltern und Kind unternehmen viel gemeinsam. Abends spielen sie, bevor Alex ins Bett geht, noch ein Brettspiel (zurzeit steht Memory hoch im Kurs), und am Wochenende machen sie oft einen Familienausflug. Weil Alex mit seinen sieben Jahren um acht Uhr im Bett ist, verfügen die Erwachsenen über genug Zeit, die sie in Ruhe miteinander verbringen können. Auch für Alex gibt es immer wieder mal Leerlauf, Ruhezeiten. Natürlich kann er auch frech sein, aber dann fühlen sich seine Eltern nicht persönlich angegriffen, sondern sind in ihren Reaktionen klar und zuverlässig. Erst gestern haben sie ihm eine Woche Fernsehverbot erteilt, weil er nicht wie abgesprochen um fünf Uhr nachmittags zu Hause war. Aber das Memoryspiel fällt natürlich nicht aus.

2017: Für Luis' Eltern ist es ein Dauerkampf, ihren Sohn großzuziehen. Um jede Kleinigkeit gibt es endlose Diskussionen, die zu nichts führen. Zimmer aufräumen, Hausaufgaben machen, für eine Klassenarbeit lernen, eine Kleinigkeit im Haushalt mithelfen ... immer müssen die Eltern ihm im Nacken sitzen und ihn antreiben: »Jetzt tu dies, jetzt tu das!« Zu den zermürbenden Machtkämpfen kommt der Ärger in der Schule. Notenmäßig ist eigentlich alles im grünen Bereich, doch wenn Luis daheim erzählt, wie er von seinen Mitschülern gemobbt wird, herrscht Krisenstimmung in der Familie. Erst gestern hat die Klassenlehrerin angerufen, weil es auf dem Pausenhof eine Schlägerei gegeben hatte und Luis mal wieder der Schuldige sein soll. Die Mutter musste ganz schön laut werden, bis die Lehrerin endlich einen Rückzieher machte. Aber so was kostet jede Menge Kraft. Wenn die Eltern abends völlig geschafft auf dem Sofa sitzen, sind sie ganz froh, dass Luis in seinem Zimmer an irgendeinem Computerspiel daddelt. Endlich Ruhe!

Was können Luis Eltern tun, um in ein anderes, ruhigeres Fahrwasser zu kommen? Ein friedliches, einträchtiges Familienleben wäre ja nicht nur für die Eltern, sondern auch für das Kind unglaublich wichtig und entlastend. Damit für die Familie Harmonie statt Stress pur zum Normalfall wird, müssen Luis' Eltern nur eine einzige Sache verstehen: In ihre Beziehung zu ihrem Kind hat sich sozusagen ein Killervirus eingenistet. Dieser Virus heißt: Symbiose.

Ich habe in meinen Büchern schon mehrfach die Symbiose dargestellt, deshalb hier nur noch einmal das Wichtigste in Kürze: Wenn Eltern mit ihren Kindern in Symbiose leben, unterscheiden sie unbewusst nicht zwischen sich selbst und dem Kind. Für sie ist es so, als handle es sich bei Vater bzw. Mutter und dem Kind um *einen* Körper. Die Eltern reagieren also nicht nur so, als *wären* sie persönlich betroffen. Sie *sind* es.

Eine Vorform der Symbiose ist die *partnerschaftliche Beziehung*. Hier ist die natürliche Hierarchie zwischen Erwachsenem und Kind weitgehend aufgehoben. (In Schule und Kindergarten ist die partnerschaftliche Art der Beziehung zwischen Erziehern / Lehrern und Kindern bildungspolitisch gewollt, mehr dazu im nächsten Kapitel.)

Dass das nicht gutgehen kann, ahnt man schon: Für die Kinder ist so eine Beziehung katastrophal, weil sie – wie im zweiten Kapitel ausführlich dargestellt – nicht als Kinder, sondern als kleine Erwachsene auf Augenhöhe mit den

Eltern gesehen werden. Damit ist auch ihre unbeschwerte Kindheit verloren. Offen gesagt: Kinder, die von ihren Eltern in eine partnerschaftliche Beziehung gebracht werden, werden (unbewusst) emotional missbraucht.

In den ersten Monaten nach der Geburt ist die Symbiose zwischen Mutter und Kind ganz natürlich. Die Mutter verspürt geradezu einen körperlichen Schmerz, wenn der Säugling vor Hunger schreit. Sie kann gar nicht anders, als sich ihm zuzuwenden. So sorgt die Natur dafür, dass kleine Kinder das für ihr Urvertrauen so wichtige Gefühl entwickeln können, dass ihre Mutter für sie da ist. Für die Psyche des Kindes ist es allerdings sehr wichtig, dass es bald die nächsten Entwicklungsschritte unternehmen darf. Es will krabbeln lernen, seine Umwelt erobern und vieles mehr. Normalerweise lassen Eltern dieser Expansion intuitiv Raum. Hat jedoch eine dauerhafte psychische Verschmelzung zwischen ihnen und dem Kind stattgefunden, ist diese Expansion gestoppt. So wie eine Plattenspielernadel in einer schadhaften Rille hängenbleibt, entwickelt sich auch die Psyche des Kindes nicht weiter.

Dass es so etwas Furchtbares wie eine *dauerhafte* symbiotische Beziehung zwischen Mutter / Vater und Kind gibt, schien mir 1985, als ich mit der Kinder- und Jugendpsychiatrie anfing, noch kaum vorstellbar. Für mich war die Symbiose eine dieser Störungen der menschlichen Psyche, die es zwar in dicken Lehrbüchern gibt, aber nur extrem selten im realen Leben. So hatte ich eines Tages in der Klinik, in der ich damals arbeitete, tatsächlich eine an einer Schizophrenie erkrankte Mutter in der Beratung, die ihren Sohn ganz eng an sich gebunden hatte. Sobald sich das Kind von ihr entfernte, hatte sie das Gefühl zu zerfließen. Die Folge der symbiotischen Beziehung war, dass der Junge in seiner Expansion völlig blockiert war. Mit seinen sieben Jahren **67** konnte er sich noch nicht einmal alleine anziehen. Und dann, ab etwa 2003, wurden es mehr und mehr Fälle. Hier ist die Ursache eine andere, nämlich nicht die psychische Erkrankung eines Elternteiles, sondern gesellschaftliche Veränderungen und deren Auswirkungen auf die Psyche der Eltern. Das hätte ich nicht für möglich gehalten: ganz andere Ursachen, aber gleiche Auswirkungen.

Heute sehe ich in meiner Praxis keine Mutter und keinen Vater mehr, die nicht in einer Symbiose mit ihrem Kind sind. Ich muss mir manchmal die Augen reiben, weil ich kaum fassen kann, dass innerhalb von nur 15 Jahren die Beziehung zwischen Eltern und ihren Kindern so dramatisch gekippt ist.

In Symbiose befinden sich nicht nur die Eltern, die in meine Praxis kommen. Ein Gärtner registriert im Vorbeigehen, ob ein Garten gepflegt ist und ob besondere Gewächse in ihm angepflanzt sind. Genauso geht es mir als Kinderpsychiater, wenn ich außerhalb meiner Praxis Eltern und Kinder im Umgang miteinander sehe. Es ist sehr, sehr selten geworden, dass ich eine psychisch gesunde Interaktion beobachten kann. Symbiose ist der Normalfall geworden!

Wie lebt es sich nun für Eltern, denen »ein dritter Arm gewachsen ist«? Sie können das Kind nicht mehr als Individuum sehen, sondern sind im wahrsten Sinne des Wortes distanzlos. Damit haben sie keine Chance mehr, gelassen auf ihr Kind einzugehen. Denn wenn sich ein Mensch am Arm stößt, dann tut das weh. Reflexartig ruft er Aua! und zieht den Arm zurück. Und wenn der Arm juckt, dann *muss* er ihn kratzen. Eine kleine Begebenheit aus meiner Praxis zeigt, was das für die Eltern-Kind-Beziehung bedeutet:

2017: Im Warteraum sitzen Eltern mit ihrem Kind. Als das Kind einen Papierfetzen auf den Boden fallen lässt, sagt die Mutter zu ihrem Kind: »Heb bitte das Papier auf!« Daraufhin bückt sich der Vater und hebt das Papier auf.

Dass so eine Situation als ganz normal wahrgenommen wird, ist schlimm. Denn der Vater hebt das Papier nicht etwa auf, weil ihn die meckernde Mutter nervt und er seine Ruhe haben will. Nein, die Reaktion des Vaters ist ganz automatisch und absichtslos. Das Kind hat das Papier fallen lassen, und das Kind soll es wieder aufheben. Also hebt der Vater es auf. Denn er *ist* ja das Kind.

Symbiose ist auch der Grund dafür, dass Kinder heute fast ohne Ausnahme alles bekommen, wonach es sie verlangt. Sie müssen noch nicht einmal auf ihren Geburtstag oder auf Weihnachten warten, bis die neue Spielekonsole oder das Ticket für das Open-Air-Konzert auf dem Tisch liegt. Es müssen schon schwere finanzielle Engpässe in der Familie herrschen, damit ein Wunsch unerfüllt bleibt. Die Eltern wissen natürlich sehr gut, dass es besser für ihr Kind wäre, wenn es lernen könnte zu warten. Oder gar zu verzichten. Doch weil Eltern in der Symbiose es buchstäblich nicht aushalten, Nein zu sagen, können sie dieses Wissen nicht umsetzen. Also geht es nach dem Kopf der Kinder.

Wenn Eltern sich und ihr Kind nicht mehr getrennt wahrnehmen, dann fehlt auch die Distanz, um es zu hinterfragen. Ein Arm wird ja auch nicht in Frage gestellt, wenn der eine Sinnesempfindung meldet. Wer sich aus Versehen auf eine heiße Herdplatte stützt, überlegt nicht: »Ist das jetzt wirklich heiß?« So kommt es, dass die Eltern sich geradezu reflexhaft auf die Seite ihrer Kinder stellen. Ein typisches Beispiel für diese kategorische Blindheit gibt folgender Vorfall, von dem mir der Schuldirektor einer Privatschule in einer Mail berichtete (die Namen sind natürlich geändert).[6]

69

2017: »An einem Freitagvormittag in der großen Pause höre ich, wie ein Schüler vor meinem Büro die Treppe hochrennt – verfolgt von einem weiteren Schüler. Der ruft in bedrohlichem Ton: »Dich mache ich fertig, du Arsch!« – Ich bin so schnell an der Treppe, dass ich den Verfolger noch zu mir reinrufen kann. Der weiß sehr gut, dass sein Verhalten nicht den Hausregeln entsprach, und steht entsprechend bedröppelt vor mir. Ich verdonnere ihn zu einer Woche zusätzlichem Tischdienst und einem Kodex-Eintrag. Der Schüler akzeptiert dies und zieht von dannen. Am frühen Samstagmorgen erhalte ich von der Mutter des Jungen eine Mail mit folgendem Inhalt: ›Sie haben meinem Sohn Luis eine Strafarbeit (Tischdienst) und einen Kodex-Eintrag erteilt; damit bin ich nicht einverstanden. Mein Sohn sagt und macht so etwas nicht.‹ Konsterniert maile ich zurück: »Frau Müller – ich war dabei!« Ihre Reaktion habe ich wenige Minuten später auf meinem Bildschirm: ›Das kann so gar nicht gewesen sein.‹«

Die Macht der Kinder ist groß, wenn Eltern ihre Kinder symbiotisch verzerrt als Teil ihrer selbst sehen. Sie haben immer Recht und bekommen fast alles, was sie sich wünschen. Man könnte meinen, Kinder und Jugendliche erleben in der Symbiose herrliche Zeiten. Aber das Gegenteil ist der Fall. Ihre Expansion ist gestoppt, weil es an klar abgegrenzten Eltern fehlt, an denen sich ihre Psyche entwickeln könnte. Also winkt ihnen nicht endlose Freiheit, sondern ein sehr, sehr begrenzter Raum, in dem sie wie gefangen sind.

Man könnte meinen, Eltern und Kinder in symbiotischer Beziehung stünden in ständigem, empathischem Austausch miteinander. Doch das ist nicht so: Einträchtige Familienmomente finden kaum statt, entweder geht man sich gegenseitig auf die Nerven oder alle sind am Handy oder Tablet. So oder so – Eltern in der Symbiose und ihre Kinder sind nicht wirklich miteinander im Gespräch.

2017: Eine Lehrerin berichtete mir von folgender Begebenheit. Sie hatte mit ihrer Klasse einen Ausflug in eine Theatervorstellung gemacht. Zufällig findet am nächsten Abend eine Elternversammlung statt. Die Lehrerin fragt die anwesenden Eltern der zwanzig Kinder, die das Theaterstück gesehen haben, ob es den Kindern gefallen habe. Doch in keiner einzigen Familie hatte es einen Austausch über diesen besonderen Abend gegeben. Nur zwei Eltern können etwas zu dem Theaterstück sagen – das sind die beiden, die die Klasse ins Theater begleitet hatten.

Arme Eltern! Armer Luis! Und arme Luisa! Symbiose macht Eltern zu Helikopter-Eltern, die es nicht aushalten, von ihrem Kind getrennt zu sein. Manche von ihnen beschreiben mir das Gefühl der fehlenden Verbindung zu ihrem Kind wie das des betäubten Mundes nach einem Zahnarztbesuch (dieses unangenehme und irritierende Gefühl ist wohl der Hauptgrund für den Siegeszug der Handys in den Familien). Andere Eltern berichten mir sogar von körperlichen Schmerzen, die kaum auszuhalten sind, wenn ihr Kind nicht in Reichweite ist.

Es geht also gar nicht um Überprotektion, sondern um das zwar unbewusste, aber deshalb umso stärkere Bedürfnis der Eltern, einen »ganzen« Körper zu haben. Wenn sie wissen, wo das Kind ist und was es gerade macht, ist für die Eltern alles in Ordnung. Dabei stehen das Bedürfnis nach Verbindung und das merkwürdige Desinteresse am Kind (es findet kein Gespräch über den Theaterabend statt) nicht im Widerspruch zueinander. Das ist der Grund, warum Lehrer oft Erfahrungen wie die folgende machen. **71**

2017: Luis' Mutter hat vehement gegen das Handyverbot auf dessen Klassenfahrt gekämpft, doch der
Lehrer hat sich durchgesetzt. Weil sie nicht jederzeit
mit ihrem 11-jährigen Sohn Verbindung aufnehmen
konnte, ging es der Mutter richtig schlecht. Sie musste sich sogar von ihrem Arzt krankschreiben lassen.
Doch als der Bus nach drei Tagen wieder vor der Schule ankommt, ist Luis' Mutter nicht unter den wartenden
Eltern. Sie will ein paar Besorgungen machen und hat
eine andere Mutter gebeten, ihren Sohn mitzunehmen.
Es genügt ihr zu wissen, dass er wieder da ist.

Das Verhalten der Mutter wirkt völlig unlogisch. Erst
macht sie einen Riesen-Rabatz wegen der Handysperre,
und dann holt sie noch nicht einmal ihr Kind ab? Genau
das will ich mit diesem Beispiel verdeutlichen: Man kann
nicht mit logischen Erwartungen an die Psyche herange-
hen. Psyche »funktioniert« nicht rational. Deshalb sind
viele Reaktionen von in Symbiose lebenden Eltern kaum
nachvollziehbar. Es hilft aber, wenn man versteht, dass sie
»nur« im falschen Wahrnehmungssystem unterwegs sind.
Alle Menschen reagieren auf Wahrnehmungen innerhalb
von zwei völlig unterschiedlichen Denk- und Reaktions-
mustern. Diese sind im Gehirn völlig unterschiedlich »ver-
drahtet« und es ist nicht möglich, mal von einem System
zum anderen zu springen. Es heißt also: entweder – oder.

System 1 verarbeitet Reize aus der Außenwelt.
Dazu gehören auch die Signale von anderen Menschen. Die
Reaktion auf sie ist emotional, aus dem Bauch heraus gesteuert und von der Persönlichkeit des Wahrnehmenden abhängig. Ein Reaktionsmuster kann zum Beispiel sein: Ist mein
Gegenüber zu mir freundlich, bin ich auch freundlich. Nervt
ein Arbeitskollege, so kann der Betroffene sagen: »Ach, ich hab
jetzt keine Lust mich darüber aufzuregen.« Für die Beziehung

zwischen Eltern und Kind bedeutet das: Vater und Mutter können entscheiden, ob, wann und wie sie sich dem Kind zuwenden. In diesem System ist viel Platz für Gelassenheit.

1990: Alexas Vater kommt abends nach Hause und findet in der Küche ein Chaos vor. Die 15-jährige Alexa hatte ihre Freundin zu Besuch und die beiden haben Pfannkuchen gebacken. Der Vater spricht mit seiner Tochter: »Hör mal, Alexa! Wenn nicht heute noch die Küche wieder in tadellosem Zustand ist, darfst du mit deiner Freundin nicht mehr die Küche benutzen.« Alexa versucht, die lästige Aufgabe noch abzuwenden: »Ich bin jetzt aber schon müde.« Doch der Vater bleibt hart: Wer Unordnung produziert, muss sie auch wieder wegmachen. Aber er hilft seiner Tochter beim Aufräumen. Zu zweit und bei laut aufgedrehter Musik ist das Aufräumen schnell erledigt.

System 2 reagiert auf Reize, die der eigene Körper meldet.
Meist werden im Körper-Wahrnehmungssystem Reize erst dann bewusst wahrgenommen, wenn etwas nicht stimmt. Das Knie tut weh, der Magen revoltiert. Deshalb löst jede Information, die in diesem System verarbeitet wird, sofort Alarm aus. Ein Mensch kann gar nicht anders, als umgehend auf alles zu reagieren, was der eigene Körper meldet. Gelassenheit hat hier keinen Platz. Zum Beispiel die Herdplatte: Es ist schlicht nicht möglich, dass jemand reagiert: »Oh, die ist ja heiß und meine Handfläche total verbrannt. Na so was …«

Erwachsene, die in eine symbiotische Beziehung zu ihrem Kind (ihrem »Arm«) gerutscht sind, sind von der externen in die körperorientierte Wahrnehmung gerutscht. Das Kind wird nicht als »Umwelt« wahrgenommen, sondern als »eigener Körper«. Damit sind die Eltern in allen Situationen, die mit ihrem Kind zu tun haben, im Dauer-Alarmmodus.

- Wenn Luis eine Fünf geschrieben hat, sind Drama und Aktionismus angesagt. Es muss *sofort* etwas passieren. Eine längst geplante Ferienfahrt wird gestrichen, Nachhilfe verabredet.
- Sagt ein Lehrer, Luisa würde in der Klasse Unruhe stiften, fühlen sich die Eltern persönlich angegriffen. Statt dafür zu sorgen, dass Luisa sich an Regeln hält, wird herumdiskutiert, woran es liegt, dass Luisa verhaltensauffällig ist.
- Wenn Luis frech ist, können die Eltern ihren Sohn nicht einfach aufs Zimmer schicken, wo er wieder »runterkommen« könnte. Sie müssen die Situation ausdiskutieren oder sie versuchen, Luis mit Drohungen dazu zu bringen, ein anderes Verhalten an den Tag zu legen. Wenn sie nicht im Körper-Wahrnehmungssystem gefangen wären, würden sie feststellen, dass sie mit diesen Strategien keinen Erfolg haben können.

2017: Luisas Vater kommt abends nach Hause und findet in der Küche ein Chaos vor. Luisa hatte ihre Freundin zu Besuch und die beiden haben Pfannkuchen gebacken. »Sag mal, Luisa! Was denkst du dir eigentlich? Du weißt doch genau, dass ich völlig fertig bin, wenn ich von der Arbeit komme! Musst du mir denn immer das Leben schwer machen! Mach sofort die Küche sauber!« – »Ich bin jetzt aber schon müde.« – »Du tust, was ich dir sage!« – »Nein!« – »Wenn die Küche nicht in einer halben Stunde sauber ist, bekommst du Handyverbot!« – »Das darfst du gar nicht! Ich brauch das Handy ja auch für meine Hausaufgaben.« Die Diskussion geht noch endlos weiter.

Eine weitere Eigenheit des Körper-Wahrnehmungssystems: Es sucht immer nach Erklärungen. Warum tut jetzt mein Kopf weh? Woran liegt es, dass meine Beine zittern? Wo habe ich mich angesteckt? Was muss ich machen, damit ich wieder funktioniere?

Eltern in der Symbiose fragen ihre Kinder z.B.: »Warum hast du die Vase runtergeschmissen?«, »Warum hast du keine Hausaufgaben gemacht?« Dabei sind diese Fragen völlig sinnlos. Eine Politesse fragt einen Falschparker doch auch nicht: »Warum haben Sie im absoluten Halteverbot geparkt?« Er bekommt ein Knöllchen und alle wissen, woran sie sind. Es ist immer der Autofahrer, der entscheidet, wie viele Knöllchen er haben will. Manche halten sich nach dem ersten Bußbescheid an die Regel, andere brauchen 50 Knöllchen, bis sie keine Lust mehr haben, dauernd Überweisungen zu machen. Es ist auch immer das Kind, das entscheidet, ob es Hausaufgaben macht oder nicht. *Niemand* kann ein Kind zwingen, Hausaufgaben zu machen. Wie sollte das auch gehen? Am Stuhl festbinden? Ihm die Hand führen? Eltern verstricken sich nur in kräftezehrende Machtkämpfe, wenn sie auf Diskussionen und Drohungen setzen. Gewinnen werden sie diese Kämpfe niemals.

Eltern in der Symbiose haben auch immer eine Erklärung dafür, warum es in ihrem Familienleben nicht so läuft, wie sie es sich einmal vorgestellt haben. Mit einer Erklärung wird das auffällige und nervende Verhalten ihrer Kinder zur Normalität. Hier einige Muster:

* *»eigener Kopf«* – wenn Luis wortlos in seinem Zimmer verschwindet,
* *»Diskutierfreude«* – wenn die stundenlange Auseinandersetzung über kleine Pflichten ohne Ergebnis endet,
* *»Durchsetzungsstärke«* – wenn Luisa mit hoher Dezibel-Zahl ihren Willen durchgesetzt hat,
* *»Engagiert und wissbegierig«* – wenn Luis dauernd dazwischenquatscht,

75

- »*hyperkinetisch*« – wenn Luisa endlos auf ihrem Stuhl herumwackelt,
- »*legasthenisch*« – wenn Luis keine Lust hat, regelmäßig die Rechtschreibung zu üben.

Der Joker, der alles sticht, ist der Hinweis auf die Pubertät. Sie dient als Erklärung für so ziemlich alles.

2017: Vor mir sitzen die Eltern der achtjährigen Luisa. Die Lehrerin des Mädchens hat darauf bestanden, dass es einem Psychiater vorgestellt wird, denn Luisa terrorisiert ihre Klasse. Sie zieht ihre Mitschüler an den Haaren, zerstört deren Hefte, stört den Unterricht usw. Meine Einschätzung, dass Luisa es an der Frustrationstoleranz fehlt, die bei normaler Entwicklung der Psyche auch bei Achtjährigen schon zu erwarten wäre, können die Eltern nicht akzeptieren. Für sie steht fest, dass ihre Tochter (mit acht Jahren!) bereits in der Pubertät ist.

Aber auch die schönsten Erklärungen ändern nichts an den Tatsachen. Familienleben in einer Symbiose ist alles andere als einfach. Wenn die Kinder noch klein sind, können die Eltern noch so einiges ertragen. Spätestens wenn Luis und Luisa 13, 14 Jahre alt geworden sind, sind die Eltern am Ende ihrer Kräfte angekommen und halten den Terror im eigenen Haus nicht mehr aus. Auch das Kind leidet, es versteht ja nicht, warum alle an ihm herumzerren.

Ich möchte noch einmal betonen: Alle Eltern, die ich kenne, sind wahnsinnig bemüht, ihren Kindern einen guten Start zu ermöglichen. Es geht mir nicht darum, sie zu diffamieren oder bloßzustellen. Sie tragen weder Schuld, noch sind sie etwa »schlechte Eltern«. Als Opfer einer Gesellschaft, die sich immer schneller dreht, sind sie unversehens in das

falsche Wahrnehmungssystem und damit in die Symbiose

hineingerutscht. Leider können Eltern, die sich in Symbiose mit ihrem Kind befinden, das nur schwer selbst erkennen. Sie befinden sich in einem in sich geschlossenen System. Außenstehenden wie zum Beispiel Lehrern, Nachbarn oder Verwandten fällt das eher auf. Ein Lehrer kann dann nachvollziehen, warum eine Mutter in der Schule sofort mit dem Anwalt droht, weil ihr Kind eine Fünf bekommen hat. Dieses Verständnis würde so manche Situation entschärfen.

Gibt es für die Familien in Symbiose keine Rettung? Es gibt tatsächlich eine Möglichkeit, sogar eine, die sich sehr einfach umsetzen lässt. So wie die Eltern in die Distanzlosigkeit und den Panikmodus der Symbiose hineingerutscht sind, gibt es für sie auch einen Weg wieder hinaus. Die Tatsache, dass symbiotische Eltern im falschen Denksystem unterwegs sind, macht allerdings die Kommunikation mit ihnen so schwierig.

Wenn ich Eltern in meiner Praxis beschreibe, auf welchem Entwicklungsstand ihr Sohn oder ihre Tochter ist, muss ich gegen einen enormen Widerstand anarbeiten. Es ist so, als würden die Eltern und ich zwei völlig unterschiedliche Sprachen sprechen. Weil sie sich im Körpersystem befinden, erwarten sie von mir eine Erziehungsberatung: »Wie bekomme ich meinen Arm dazu, dass er in der Schule mitmacht und bessere Noten bekommt?« Würde ich ihnen sagen, dass ihr Kind zum Beispiel eine Ergotherapie braucht, können sie diesen Rat sofort annehmen. Sie wären sogar erleichtert, weil sie ja nun eine Erklärung für das Verhalten ihres Kindes haben. Doch mit so einer Scheinlösung ist niemandem gedient – am wenigsten Luis und Luisa.

Die Eltern müssen den Sprung aus der Körperwahrnehmung hinaus schaffen, bevor sich das Familienleben zum Besseren wenden kann. Erst wenn die »Ich mache doch alles für mein Kind!«-Mauer eingerissen und der »Warum ist mein Kind so anstrengend?«-Graben überwunden ist, **77** können sie akzeptieren, dass sie von ihren Kindern gesteuert werden. Dann ist der Weg frei, als abgegrenzte Erwachsene ihren Kindern gegenüberzutreten und ihnen so doch noch zu einer gesunden Entwicklung zu verhelfen.

Seit vielen Jahren wende ich in der Elternberatung eine bestimmte Methode sehr erfolgreich an. Wenn ich die Eltern, die ja in Bezug auf ihr Kind in der Symbiose und damit im Körperdenken sind, dazu bringen kann, das zu tun, was ich ihnen sage, dann ist die »Heilung« eine Sache von wenigen Wochen.

Der Schlüssel liegt in der Ruhe. Denn es ist nicht nur so, dass das Körperdenken die Alarmstimmung hervorruft, die Sache funktioniert auch andersherum: Wenn sich die Eltern in eine relativ kurze Zeitspanne tief empfundener Ruhe begeben, sind sie automatisch aus dem Körperdenken wieder draußen. Der erste Waldspaziergang wirkt da schon Wunder! Alleine, ohne Kind, ohne Hund, ohne Handy. Ohne äußere Störungen zwischen den Bäumen laufen. Der Wald wirkt als eine wohltuende Begrenzung, die Baumstämme sind die Wände, die Baumkronen bilden das Blätterdach. In diesem geschützten Raum kommt das Gedankenkarussell nach einiger Zeit zur Ruhe. Auf einmal wird der Blick klar.

Das hört sich wunderbar einfach an, ist es aber nicht. Denn unsere Psyche will um jeden Preis verhindern, dass sich irgendetwas ändert. Stabilität zu garantieren gehört zu ihrem Job. Das Dumme ist nur: Sie ist auch dann äußerst erfolgreich, wenn der Mensch sich im falschen System befindet. Deshalb ist der Widerstand der Psyche gegen das Vorhaben, sich mal drei, vier Stunden Zeit für so einen Waldspaziergang zu nehmen, enorm. Es ist kaum zu glauben, was für Erklärungen von den Eltern kommen, dass sie – leider, leider – in den sechs bis acht Wochen, die zwischen zwei Terminen bei mir liegen, nicht zu dem versprochenen Spaziergang gekommen sind. Es braucht häufig einen zweiten Anlauf, bis sie tatsächlich das Experiment wagen. Und selbst dann noch wehrt sich die Psyche verzweifelt.

Alle Eltern, die den Waldspaziergang erfolgreich absolviert haben, berichten mir dasselbe: Die erste Stunde ist die Hölle. Die Psyche, darauf getrimmt, dauerhaft hochzudrehen, lässt nichts unversucht, um den Spaziergänger genau in diesem Zustand zu lassen.

- Nach zehn Minuten: »Mist, ich hätte doch mein Handy mitnehmen sollen!«
- Nach zwanzig Minuten: »Ich muss unbedingt daran denken, Entkalker einzukaufen.«
- Nach einer halben Stunde: »Echt erst eine halbe Stunde vorbei?«
- Nach vierzig Minuten: »Mal sehen, wie viele Minuten ich bis zu der Wegkreuzung da hinten brauche.«
- Nach fünfzig Minuten: »Ich wusste doch, das das Humbug ist mit dem Waldspaziergang.«

Erst nach etwa ein bis zwei Stunden macht sich eine beginnende Entspannung bemerkbar. Nach zwei Stunden beginnt sich die Perspektive bereits zu ändern. Der Vater bzw. die Mutter können ihre Beziehung zum Kind nun mit mehr Distanz sehen. Nach drei Stunden haben sie ihre Orientierung wiedergefunden und die Verbindung zu ihrer Intuition wieder hergestellt. Nun können sie ihr Kind wieder als Kind und nicht distanzlos als dritten Arm sehen. Wenn sie in den folgenden Wochen diesen Waldspaziergang wiederholen, festigt sich der Systemwechsel.

Dieser Wechsel des Denksystems ist die Voraussetzung für die anschließende erfolgreiche Beratung der Eltern. In mehreren Sitzungen über einen Zeitraum von etwa eineinhalb Jahren werden sie instruiert, wie sie sich verhalten müssen, damit sich das Kind emotional und sozial auf den Stand seines Alters entwickeln kann.   **79**

Das vorangegangene Kapitel handelte davon, dass manche Eltern wie gefangen in einem falschen Denksystem sind. So rutschen sie in die Symbiose zu ihrem Kind und behindern dessen Entwicklung. Erzieher und Lehrer dagegen sind *nicht* in der Symbiose mit den ihnen anvertrauten Kindern. Wenigstens in Kindergarten und Schule könnten also die betroffenen Kinder ein klar abgegrenztes Gegenüber erfahren, das ein Kind als Kind sieht und mit dessen Unterstützung sich ihre Psyche doch noch altersgemäß entwickeln könnte.

In diesem Kapitel will ich zeigen, welchen enormen Einfluss Erzieher und Lehrer auf die Entwicklung der ihnen anvertrauten Kinder haben – und vor allem: was sie (noch) davon abhält, die Rolle als Erwachsener, der den Kindern Orientierung bietet, auch auszufüllen.

Zunächst einmal: Was bedeutet es für Lehrer und Erzieher, wenn die Kinder, mit denen sie arbeiten, auf einer psychischen Entwicklungsstufe stehengeblieben sind, die einem 10 bis 16 Monate alten Kind entspricht? Ich werde im Folgenden hauptsächlich über die Verhältnisse in den Grundschulen sprechen, diese sind aber durchaus auf Kindergärten und weiterführende Schulen übertragbar.

Häufig bekomme ich von Grundschullehrern zu hören, wie schwer es geworden ist, mit den Schülern eine Arbeitshaltung, ein angemessenes soziales Verhalten und grundlegende Kulturtechniken wie Lesen, Schreiben und Rechnen einzuüben. Für diese Aufgabe, deren Gelingen für das weitere Leben eines Kindes ja von allergrößter Bedeutung ist, musste man schon 1990 ein gutes Händchen haben. Doch wer heute auf Basis der bildungspolitischen Vorgaben versucht, Kinder zu unterrichten, steht auf verlorenem Posten.

Oft müssen Lehrer einen großen inneren Widerstand überwinden, bevor sie zu mir offen sprechen. Denn sie sind es gewohnt, als faul und unfähig abqualifiziert zu werden, sobald sie auf Missstände in der Klasse hinweisen. Manchen Lehrern wird sozusagen per Maulkorberlass von der Schulleitung verboten, weiter zu »meckern«. Auch manches Schulamt zeigt sich nicht diskussionsbereit. Mir sind Fälle bekannt, in denen Lehrer, die Kritik geübt hatten, gegen ihren Willen an andere Schulen versetzt oder mit ungeliebten administrativen Aufgaben eingedeckt wurden, um sie zu disziplinieren.

Eines der offenkundigen Probleme der Lehrer, die gegen die herrschenden Zustände aufbegehren, ist die fehlende Schulreife vieler ihrer Schüler.

- Die Kinder erkennen ihren Lehrer nicht als jemanden, an dem sie sich orientieren können.
- Nur dann, wenn ihnen etwas Spaß macht, können sie sich konzentrieren. Interessiert sie der Unterricht nicht, fällt es ihnen schwer, auf ihrem Stuhl sitzen zu bleiben.
- Sie haben keinen Sinn für Abläufe und deshalb auch keinen Begriff davon, was gerade »dran« ist. Immer wieder haben sie ihre Bücher und Hefte nicht mit dabei und ihre Hausaufgaben nicht gemacht. Einige kommen nach Ende der Pause nicht wieder zurück ins Klassenzimmer, reden unaufgefordert in den Unterricht hinein, brauchen kleine Ewigkeiten, bis sie zur Sportstunde umgezogen sind.
- Manche Kinder sind ihren Aggressionen ausgeliefert und schubsen und ärgern ihre Klassenkameraden.
- Weil die Kinder eigentlich noch gar nicht schulreif sind, sind sie nur sehr eingeschränkt in der Lage, auf ihren

Erfahrungen des vergangenen Tages aufzubauen. Der Lehrer, der den Kindern geduldig soziales Verhalten beibringen möchte, fängt Tag für Tag praktisch wieder bei Null an.

Unter solchen erschwerten Bedingungen erfolgreich Unterricht zu geben ist Tag für Tag harte Arbeit, die einen Lehrer an seine Grenzen bringen kann.

1990: In der ersten Klasse fragt der Lehrer in die Runde: »Wer von euch möchte mal nach vorne an die Tafel kommen und mir dabei helfen, ein Haus zu malen? Die meisten Kinder recken ihre Arme in die Luft und rufen: »Ich, ich, ich!« Zwei, drei von ihnen stehen sogar vor Aufregung von ihren Stühlen auf. Der Lehrer lächelt und sagt: »Na, na. Nicht so laut! Man versteht ja das eigene Wort nicht mehr.« Dann zeigt er auf Alex: »Alex, heute darfst *du* mal ein echter Künstler sein. Komm, deine Mitschüler sagen dir, was alles zu einem Haus dazugehört.« Während der nächsten Minuten herrscht gespannte Aufmerksamkeit. Die Schüler kommen auf immer mehr Ideen: »Keller!« – »Schornstein!« – »Katze!« Als einer sagt: »Balkon!«, hilft der Lehrer Alex beim Malen. Als die Kinder später das Haus in ihr Heft abmalen, geschieht dies in konzentrierter Stille.

2017: In der ersten Klasse einer Grundschule bei Bochum ist die Lautstärke in der Klasse so unerträglich, dass der Klassenlehrer die Reißleine zieht. Bei einem Elternabend spricht er den wahnsinnigen Lärmpegel an und stellt auch gleich seinen Lösungsvorschlag vor: Er fordert einen Gehörschutz für die Kinder, damit sie sich besser konzentrieren können. Die Eltern sind in der Mehrheit einverstanden. Auch Luis' Eltern schaffen einen Bauarbeiter-Gehörschutz für ihren Sohn an. Nun setzt sich Luis, wenn er während der Schulstunde in Ruhe arbeiten will, die Ohrenschützer auf.

Das Beispiel mit dem Gehörschutz, von dem mir die Eltern eines der Schüler dieser Klasse berichteten, steht für zwei Erfahrungen, die ich in vielen Begegnungen mit Lehrern gemacht habe:

1. In den Klassenzimmern ist es zu unruhig und zu laut.

Natürlich gab es zu Alex' Zeiten im Klassenzimmer keine Grabesstille, das wäre auch furchtbar gewesen. Doch meist herrschte eine Atmosphäre, in der gemeinsames Arbeiten und Lernen möglich war. Ich bin sicher, wenn ein Lehrer von 1990 den Zeitsprung in die heutige Zeit machen würde, wäre er entsetzt. Viele Eltern berichten mir von Krach und Tohuwabohu in Kindergartengruppen und Schulklassen, und dass ihre Kinder aggressiv und völlig quer nach Hause kommen. Das bedeutet: Kinder werden in Kindergarten und Schule sekundär gestört und geschädigt – auch psychisch normal entwickelte Kinder »drehen durch«, wenn das Umfeld so laut und chaotisch ist.

2. Es wird am Symptom herumgedoktert.

Ich kann gut nachvollziehen, warum der Lehrer auf die Idee kam, Ohrenschützer für die Kinder seiner Klasse zu fordern. Er möchte erreichen, dass die Kinder zumindest phasenweise Ruhe zum Lernen finden. Seine Lösung ist nicht perfekt, schon allein weil er sich selbst keinen Gehörschutz aufsetzen kann. Außerdem stellen die Erstklässler jede Menge Unsinn mit so einem Bauarbeiter-Gehörschutz an. Doch der Knackpunkt ist ein anderer: Statt die Kinder vor dem Lärm zu schützen, müsste der Lehrer dafür sorgen, dass der Lärm gar nicht erst entsteht. Doch ihm sind die Hände gebunden. Wie kann das sein?

Als beste Schule Deutschlands 2016 wurde eine Grundschule im niedersächsischen Schüttdorf ausgezeichnet. Auf der Webseite der Robert Bosch Stiftung, die den mit 100.000 Euro dotierten Schulpreis vergibt, ist zu lesen: »Besonders beeindruckt hat die Jury das Zusammenspiel von offenen Lernformen, von Lernzeit und Freizeit, Plenumsunterricht und Projektarbeit.« Auch von »intensiver Lernbegleitung« und »Beratungskultur« ist die Rede.

Hier wird eine Schule vorgestellt, an der Lehrer und Eltern mit großem Einsatz die aktuellen Bildungskonzepte umgesetzt haben: betont partnerschaftlicher Umgang von Lehrern und Schülern miteinander (der Schulleiter lässt sich von seinen Schülern im Vorbeigehen per High-Five begrüßen), offene Unterrichtsformen und viel Mitverantwortung und Selbstbestimmung der Schüler. (Dass hier auch die Inklusion von Kindern mit geistiger Behinderung und die Integration von Kindern, die noch nicht gut Deutsch können, mit großem Nachdruck vorangetrieben werden, ist im Prinzip löblich. Eine eingehendere Betrachtung der Vor- und Nachteile der Inklusion ist allerdings nicht Gegenstand dieses Buches.) Der Klassenrat findet jede Woche statt, den Vorsitz hat jeweils ein Kind der Klasse. In den täglichen »Selbstlernzeiten« darf jedes Kind entscheiden, worauf es gerade Lust hat: Forscherlabor, Baubude, Bücherei, Musik- und Bewegungsraum und vieles mehr stehen zur Auswahl. Die Kinder bestimmen ihre Lernfortschritte selbst. Es finden dazu zwar regelmäßig Beratungen zwischen Kindern und Lehrern statt, doch die Hierarchie zwischen ihnen ist weitgehend aufgelöst. Am Ende der Selbstlernphase berichten die Schüler in der Gruppe, was sie gemacht haben. Auch hier moderiert ein Schüler. In einem Artikel auf Spiegel online kommt eines der Kinder zu Wort: »Wir müssen noch nicht einmal sagen, was wir machen. Wir gehen einfach alle an die Arbeit.«[7]

Das hört sich nach einem wahren Kinderparadies an. Doch in den vielen Artikeln, die ich über diese »beste Schule Deutschlands« gelesen habe, taucht eine Gruppe von Beteiligten nur ganz am Rande auf: die Lehrer. Damit haben sie exakt die Rolle, die ihnen die aktuelle Bildungspolitik zuweist: Weil Kinder den Lernkonzepten zufolge ja selbst am besten wissen, was gut für sie ist, sind Lehrer nur noch so genannte »Lernbegleiter«, die als Partner der Kinder mit ihnen auf Augenhöhe sind und sie »mal machen lassen«.

Genau in diesem Moment schrillen bei mir als Kinderpsychiater die Alarmglocken.

Zurzeit herrscht mehrheitlich die Meinung, dass Kinder nichts lieber tun als lernen und dass die »alten« Schulen reine Dressuranstalten sind, die sie mit Frontalunterricht genau davon abhalten. Also sollen Kinder ihren Lernprozess selbst gestalten. Sie bestimmen möglichst frei

- ihr Lerntempo
- ihre Lerninhalte
- ihren Arbeitsplatz
- ihre Arbeitspartner
- ihre Lösungsmethode

Dieses lerntheoretische Konzept nennt sich Offener Unterricht und wird als das Ei des Kolumbus verkauft. Dabei sind die Ideen keineswegs so neu, wie es den Anschein hat. Schon bei Friedrich Fröbel, der 1840 den Kindergarten erfand, spielten »Selbsterfahrung durch Tätigkeit«, »freies Spiel«, »Erforschen und Experimentieren«, »Kooperation« usw. zentrale Rollen bei der Entwicklungsförderung von Kindern. Auch Maria Montessoris Ansatz war es, Kindern die Gelegenheit zu geben, sich selbst zu entdecken. Und dass »Lernen mit allen Sinnen« besonders erfolgreich ist, ist ebenfalls keine Entdeckung unserer Tage. Das hat schon im 17. Jahrhundert der bedeutendste Pädagoge jener Zeit, Johann Amos Comenius, festgestellt. Generationen von Lehrern haben – mal mehr, mal weniger – auf all diese Methoden zurückgegriffen. Neu an der heutigen Umsetzung ist, dass die Kinder an ihrem »Lernort« allein gelassen werden.

1990: Jeden Tag bekommt der sechsjährige Alex von seinem Klassenlehrer Hausaufgaben auf. Der Lehrer achtet sehr genau darauf, dass er seinen Schülern nicht zu viel abverlangt. Die Kinder sollen daheim noch genug Zeit zum Spielen haben. Alle Schüler schreiben das, was ihnen der Lehrer aufgibt, in ihr kleines Hausaufgabenheft, so dass sie jederzeit nachschauen können und nichts vergessen. Es herrscht Klarheit. Alle wissen, dass diejenigen, die aus besonderen Gründen die Hausaufgaben nicht machen können, sie nachliefern müssen.

2017: Zu Beginn der Woche bekommt die sechsjährige Luisa einen Wochenplan, auf dem ihre Hausaufgaben der nächsten fünf Tage aufgelistet sind. Anfangs versuchte sie, alle Aufgaben auf einmal zu machen, das hat sie natürlich nicht geschafft. Dann ist ihr mehrmals hintereinander am Sonntagabend siedend heiß eingefallen, dass sie ganz viel von der Liste noch gar nicht abgearbeitet hat. Bald hat die Mutter genug von Tränen und Frust. Nun lässt sie sich gleich am Montag das Hausaufgabenblatt geben und sagt Luisa jeden Tag, was sie machen soll.

An manchen Grundschulen wird tatsächlich schon den Erstklässlern abverlangt, ihre Hausaufgaben für die Woche selbstständig einzuteilen. Doch mit solchen Entscheidungen sind Grundschüler definitiv überfordert. Weder haben sie schon eine ausreichende Arbeitshaltung eingeübt, noch können sie eine ganze Woche im Voraus planen. Die Vorstellung der Bildungsexperten, ein Grundschulkind könne durchgehend selbstbestimmt über seine Zeiteinteilung bestimmen, ist grober Unfug. Oft sind es denn auch die Eltern, die ihrem Kind daheim helfen, seine Hausaufgaben sinnvoll einzuteilen. Leisten Eltern – aus welchen Gründen auch immer – diese Hilfestellung nicht, ist das der Karrierebeginn so manches notorischen Hausaufgaben-Verweigerers. Wer behauptet, an seiner Schule bestimmen Grundschüler darüber, wann sie welche Hausaufgaben machen, betreibt also Augenwischerei.

Ich beobachte immer wieder dasselbe Missverständnis: Von Kindern wird eine Arbeitshaltung erwartet, über die sie noch gar nicht verfügen können – auch dann nicht, wenn sich ihre Psyche altersgemäß hätte entwickeln können. Wenn es nicht so traurig wäre, könnte man darüber lachen: Aus dem Wunsch heraus, die Kinder vor einer hierarchischen Lehrer-Schüler-Beziehung zu »retten«, werden ihnen Verantwortungen auferlegt, die sie gar nicht stemmen können. Einige Beispiele hierfür:

- Es ist Mode geworden, Grundschüler auf dem Pausenhof als Streitschlichter einzusetzen. Sie bekommen als Zeichen ihres Amtes Warnwesten oder Kappen und schreiten bei Streitigkeiten ihrer Mitschüler ein. Die Kinder machen das gerne und freiwillig, sie erfahren durch dieses Amt ja auch eine Aufwertung. Aber auch hier ziehen sich Erwachsene (unbewusst) aus ihrer Verantwortung zurück und laden sie auf die Schultern der Kinder, die nun, **87** statt zwischen den Schulstunden herumzurennen und zu spielen, sich wie kleine Erwachsene verhalten sollen.

- Nun noch ein Beispiel aus einem Kindergarten in der Nähe von Bonn, das zeigt, wohin es führt, wenn man davon ausgeht, dass ein Kind schon am besten weiß, was gut für es ist.

2017: Der zweieinhalbjährige Luis hat die Hosen gestrichen voll. Er sitzt im Kindergarten in der Lego-Ecke und seine Windel wölbt sich zusehends nach außen. Er ist so konzentriert ins Spiel, dass er nicht merkt, wie seine Beine und sein Rücken immer feuchter und auch kälter werden. Seine Erzieherin sieht (und riecht) natürlich, dass seine Windel dringend gewechselt werden muss. Doch sie *darf* nicht einschreiten. Der Vorstand hat unter dem Eindruck einer falsch verstandenen Partizipation (das Kind soll mitentscheiden) festgelegt, dass ein Kind von sich aus den Wunsch äußern muss, bevor eine Erzieherin tätig wird. Erst wenn Luis seine Erzieherin dazu auffordert, ist es ihr erlaubt, die Windel zu wechseln.

Vom entwicklungspsychologischen Standpunkt aus ist es durchaus sinnvoll, Kinder auch einmal bestimmen und Verantwortung tragen zu lassen. Schritt für Schritt und mit Fingerspitzengefühl für das einzelne Kind kann ein Lehrer, der sich dem Kind zuwendet, es an die Selbstbestimmung heranführen. Je älter ein Schüler ist, desto mehr kann er sich in den schulischen (und auch in den familiären) Alltag einbringen. Dass das Tragen von Verantwortung – so wie alle Fähigkeiten – nur unter Anleitung und in vielen, vielen Wiederholungen erworben werden kann, will man allerdings in der Bildungspolitik nicht wahrhaben.

Man ist anscheinend der Meinung, dass die Kinder schon von ganz allein Schwimmen lernen, wenn man sie nur ins Wasser wirft. Genau dies ist der Unterschied zwischen *Begleitung* und *Anleitung*: Soll der Lehrer in das Lernen und die Entwicklung des Kindes möglichst minimal und nur beratend eingreifen – so wird es von der herrschenden Lehrmeinung zurzeit vorgeschrieben –, dann soll und darf er nur vom Beckenrand zuschauen, was die Kinder da im Becken so treiben. Sinn macht Schwimmunterricht aber nur, wenn ein Erwachsener mit im Wasser ist und mit dem Kind einzelne Schwimmzüge intensiv einübt. Kann das Kind dann nach einiger Zeit gut schwimmen, kann der Lehrer natürlich – wieder im übertragenen Sinne – am Beckenrand stehen und zuschauen, wie es zusammen mit seiner Klasse eine wilde Wasserballschlacht veranstaltet.

Der Wahnsinn, dass Lehrer nicht eingreifen, sondern das Kind »machen lassen« sollen, hat Methode. Ein Beispiel ist die Idee des Lernens der Rechtschreibung nach Gehör, die der Schweizer Lehrer Jürgen Reichen unter dem Namen »Lesen durch Schreiben« bereits in den Achtzigerjahren nach Deutschland brachte. Er propagierte, dass Kinder die Schrift alleine entdecken und sich so Lesen und die richtige Schreibweise selbst beibringen können; die Idee dahinter ist, dass Kinder so ihre Lese- und Schreibfreude behalten sollen. Der Grundschulverband nahm diese Methode begeistert als besonders »kindgerecht« auf (und verteidigt sie auch heute noch mit Zähnen und Klauen[8]). Also schrieben die Kinder »Hunt« und »Brod«, und ihre Eltern wurden angewiesen, ihnen beim autonomen Erfassen der Rechtschreibung bloß nicht dazwischenzupfuschen.

Die Sache mit dem Schreibenlernen nach Gehör zeigt, wie Kinder in unserem Bildungswesen permanent als Versuchskaninchen missbraucht werden. Sie sind immer wieder neuen Ideen ausgeliefert, ohne dass zuvor abgesichert wurde, dass die neue Methode auch tatsächlich einen positiven Effekt hat. Es hat viele Jahre gedauert, bis wissenschaftliche Untersuchungen eindeutig nachgewiesen haben, dass das Schreibenlernen nach Gehör es geradezu darauf anlegt, Kinder zu Legasthenikern zu machen. Und trotzdem wird vielerorts an der Methode festgehalten. Ich habe schon Argumente gehört wie: »Man muss doch sowieso keine Rechtschreibung mehr beherrschen, es gibt doch in Word die Autokorrekturfunktion!« Selbst wenn es beim Lesen- und Schreibenlernen tatsächlich allein darum ginge, sich im Internet zurechtzufinden, stünde dieses Argument auf schwachen Füßen: Kein Algorithmus erkennt, was gemeint ist, wenn in das Suchfeld »beka« statt »Bäcker« eingetragen wird.

In der Regel ist es so: Nur wenn Eltern oder Lehrer sich über die Anweisung hinwegsetzten und mit ihren Kindern die Rechtschreibung einübten, können diese heute flüssig lesen und regelkonform schreiben. Leider trauen sich viel zu wenig von ihnen, auf ihre Intuition zu setzen. Dabei haben sie deutlich mehr Praxiserfahrung als die meisten Bildungspolitiker.

Pädagogen verfügen dabei über den notwendigen Gestaltungsspielraum: *Spiegel online* fragte bezüglich der Lernmethoden von Rechtschreibung bei allen 16 Kultus- und Bildungsministerien der Länder nach und erhielt die Antwort, dass die Schulen entscheiden, meist sogar die einzelnen Lehrer, auf welche Weise ihre Schüler Schreiben und Lesen lernen.[9] Lehrer dürfen also gerne mehr Selbstbewusstsein zeigen und auch dann, wenn neue Unterrichtsformen von Bildungstheoretikern mit Begeisterungsstürmen aufgenommen werden, mit bewährten Mitteln unterrichten, zumindest so lange, bis sich eine neue Methode wirklich bewährt hat. Es bleibt dem Einzelnen überlassen, inwieweit er nach eigenen Überzeugungen handeln will, wenn von Schulleitung und Schulrat Druck ausgeübt wird und Disziplinierungsmaßnahmen drohen.

Dyskalkulie und Legasthenie sind zu einem Massenphänomen geworden. Dabei sind beide Störungsbilder eigentlich extrem selten. In 30 Berufsjahren sind mir nur ein paar Dutzend »klassische« Legastheniker begegnet. Sie hatten zum Beispiel Schwierigkeiten damit, b und q voneinander zu unterscheiden. Trotz Lernwillen und ausgiebigen Übungen machten sie immer wieder denselben Fehler.

Was dagegen heute als Legasthenie und Dyskalkulie diagnostiziert wird, ist fast immer eine sekundäre Legasthenie. Die Kinder könnten sehr wohl lesen und rechnen, es fehlt ihnen jedoch – aufgrund des Entwicklungsstopps ihrer Psyche – an Lern- und Übungswillen. Lesen, Schreiben und/oder Rechnen machen ihnen einfach keinen Spaß. Weil Eltern und Lehrer ihnen das nicht konsequent abverlangen, bleiben sie immer mehr hinter der Klasse zurück. Die Diagnose der »Störung« wirkt als »Freifahrtschein«, der das schlechte Abschneiden der Kinder nun noch weiter zementiert.

Die Erwachsenen haben sich auf Kosten des Kindes von ihrer Verantwortung befreit, es geduldig anzuleiten und mit ihm zu üben, üben, üben. Was vielen Eltern erst viel zu spät klar wird: Störungen wie Legasthenie oder Dyskalkulie werden später im Arbeitsleben nicht etwa als Behinderungen gewertet. Gesetzliche Vorteile gibt es also nicht. Selbst wenn potenzielle Arbeitgeber händeringend nach Nachwuchs suchen – sie werden zögern, jemanden einzustellen, der nicht ausreichend lesen, schreiben oder rechnen kann.

Bei sehr vielen Kindern, die zu mir erstmals in die Praxis kommen, wurden bereits Störungen diagnostiziert. Neben Legasthenie und Dyskalkulie sind das vor allem ADHS,

ADS, Hochbegabung (ja, auch Hochbegabung wird mittlerweile pathologisiert), Autismus und Depression. Häufig steht hinter diesen Diagnosen ein Kind, das sich nicht entwickelt hat. Viele der Kinder, die mir begegnen, konzentrieren sich nur in der Schule nicht richtig. Bei einem Computerspiel oder in einem Freizeitpark gelingt ihnen das jedoch über Stunden. Das Kind *kann* sich also konzentrieren, tut dies aber nur lustorientiert.

1990: Die neunjährige Alexa kommt zu mir, da sie bei den Hausaufgaben und in der Schule starke Konzentrationsschwierigkeiten aufweist, oft überdreht ist, wenn die Familie Besuch hat, und motorisch ungeschickt ist. Ich erlebe Alexa im Erstinterview als sehr gut erzogen und bemüht. Sie ist auch begeisterungsfähig, offen im Kontakt. Ihre intellektuellen Fähigkeiten sind überdurchschnittlich, sprachlich ist sie sehr gewandt. Doch bei der neurologischen Untersuchung zeigt sich eine Störung in der Koordination sowie bei der Grob- und Feinmotorik. Als Alexa mit der Therapeutin ins Spiel vertieft ist und eine weitere Therapeutin leise den Raum betritt, um Unterlagen herauszuholen, ist sie sofort abgelenkt.

Alexa gehört zu den zwei bis vier Prozent der Kinder, die eine hirnorganisch bedingte Störung aufweisen. Ich empfehle eine Therapie zur Förderung der Fein- und Grobmotorik. Ich kläre die Eltern und auch die Lehrerin über Alexas Störungsbild auf und zeige ihnen, wie sie sich verhalten können, damit sich die Problematik reduziert.

2017: Die neunjährige Luisa ist in der Schule auffällig. Sie macht durchaus im Unterricht mit, stört ihn aber auch, indem sie Aufforderungen des Lehrers nicht folgt und andere Kinder ärgert. Ich stelle fest, dass Luisa rein lustorientiert handelt. Auf meine Frage hin, wie denn der Lehrer Luisa beurteilt, antwortet die Mutter: »Der Lehrer hat mich aufgefordert, mich um eine Ergotherapie für Luisa zu kümmern.«

Ich erlebe es häufig, dass Lehrer medizinische Diagnosen stellen und auch an einer »schnellen Lösung« interessiert sind. Luisa hat Schwierigkeiten mit ihrer Wahrnehmung? Wunderbar, mit einem Ergotherapeuten ist das Problem ja gelöst! Luis hat ADHS? Mit Ritalin wird alles gut! Viele Lehrer kommen nicht auf die Idee, Luis das zeitweise Stillsitzen und Konzentrieren konsequent abzuverlangen und es mit ihm geduldig einzuüben. Gleichzeitig müssten Smartphone und Computer aus dem Kinderzimmer verbannt werden und Bewegungsdrang mit viel Bewegung aufgelöst werden. Für die Beteiligten scheint es einfacher zu sein, Luis mit Ritalin sozialkompatibel zu machen. Dieses Medikament, ein Amphetamin, wurde ursprünglich für hirnorganisch gestörte Kinder entwickelt und angewendet. Entsprechend der Seltenheit von hirnorganischen Auffälligkeiten lag der Verbrauch des Wirkstoffes Methylphenidat in Deutschland 1993 noch bei 34 kg. 2012 wurden 1,8 Tonnen verschrieben und konsumiert – dies entspricht bei einer durchschnittlichen Tagesdosis von 30 mg 60 Millionen Tagesdosen. 2014 sank der Verbrauch auf 1,7 Tonnen.[10] Es scheint sich zumindest langsam die Auffassung durchzusetzen, dass Luis etwas anderes braucht als Ritalin.

Die Psyche braucht zu ihrer Entwicklung den Lehrer als festen Orientierungspunkt. Dies bedeutet keineswegs die

Rückkehr zu reinem Frontalunterricht; vieles von dem, was heute im Schwange ist, kann den Kindern wunderbare Anregungen schenken. Ob Bildung erfolgreich ist oder nicht, hängt *nicht* davon ab, ob ein Lehrer (a) vorne an der Tafel steht oder ob er (b) die Schüler für die Freiarbeit in kleine Gruppen aufteilt. Die Frage ist, ob der Unterricht lehrerzentriert (Lehrer als Orientierung) oder lernorientiert (Lehrer als Lernbegleiter, Schüler bedient sich an der Lerntheke) umgesetzt wird.

Das Ursprungskonzept der heutigen Lehrmethoden war einmal die gelenkte Freiarbeit. Die Kinder waren auf den Lehrer bezogen, er gab ihnen die Orientierung im Unterricht, er ging während der Schulstunde im Klassenraum umher und leitete die Schüler individuell an. Diese hoch anspruchsvolle Unterrichtsform erfordert eigentlich zwei Lehrer pro Klasse (bzw. einen Lehrer und einen Erzieher). Die Klassen dürften nur aus 15 bis 20 Schülern bestehen, und es müsste ein großzügig gestalteter Klassenraum, am besten zwei einzelne, miteinander verbundene Räume zur Verfügung stehen, in dem sich einzelne Lerngruppen nicht gegenseitig stören. So habe ich es an einer Schweizer Schule einmal tatsächlich sehen dürfen.

Das Unterrichtsmodell, das auf das autonome Lernen des Kindes setzt, so wie es heute an vielen Schulen praktiziert wird, *kann* also nicht funktionieren.

- Je eigenständiger das Kind lernen soll, desto mehr wird der Lehrer zur Randerscheinung. Das Kind *braucht* aber den Bezug zum Lehrer.
- Die Klassen sind viel zu groß, als dass sich ein Lehrer tatsächlich individuell den einzelnen Schülern widmen könnte.
- Dazu kommt, dass viele Schüler heute noch nicht einmal schulreif sind, also noch mehr Zuwendung benötigen.

All dies ist eigentlich bekannt. Warum hält sich dieses Modell dann so hartnäckig? Den ersten Grund hatte ich bereits angesprochen. Eine Schule, die auf das autonome Lernen der Kinder setzt, passt wie maßgeschneidert auf die narzisstischen Kinder, die Kindergarten und Schule besuchen. Sie sind es nicht gewohnt, dass andere ihnen sagen, was sie tun sollen. Da kommt es gerade recht, wenn sie sich aussuchen dürfen, was der Tag für sie bringt. Genau so kennen sie es ja auch von zu Hause.

Es gibt noch einen zweiten Grund: Ideologen haben sich noch nie von Realitäten beeindrucken lassen. Die Experimentierlust mit Bildungsmethoden grassiert seit den sozialliberalen Siebzigerjahren. Dabei setzt man leider mehr auf gefühlte Erfolge als auf wissenschaftliche Erkenntnisse. Gerald Hüther zum Beispiel (»Jedes Kind ist hoch begabt«), von Haus aus Neurobiologe, umgibt sich zwar mit wissenschaftlicher Aura (»neuroplastische Botenstoffe«, »neuronale Verschaltungen« usw.), diese jedoch ersetzen keine empirischen Untersuchungen. Trotzdem ist er einem breiten Publikum als Experte für Schul- und Bildungsfragen bekannt.

Auch der Philosoph und Autor Richard David Precht fühlt sich berufen, beim Thema Erziehung und Schule mitzureden. Im April 2013 forderte er in der *Zeit* eine Bildungsreform, die die eigene Motivation der Kinder wieder stärken und auf jedes Kind individuell eingehen solle.[11] Nichts Neues also. Gefährlich sind allerdings seine Vorschläge, auch noch die letzten Grenzen, die noch bestehen, zu eliminieren: kein gegliedertes Schulsystem mehr, keine abgegrenzten Schulfächer, keine Jahrgangsklassen, keine Noten.

Der absolute Hardliner unter den Bildungsexperten ist der Schweizer Privatschulunternehmer Peter Fratton, der 2008 als Referent der Grünen im baden-württembergischen Landtag auftrat. Sein pädagogisches Konzept stützt sich auf die von ihm formulierten »vier Urbitten« des Kindes: »Bringe mir nichts bei, erkläre mir nicht, erziehe mich nicht, motiviere mich nicht.« Für einen Kinderpsychiater ist dieser Ansatz der reine Horror.

Spätestens, wenn man die folgenden Zahlen zu Gesicht bekommt, müsste klar sein, dass etwas mit der momentan propagierten hierarchielosen Beziehung zwischen Lehrern und ihren Schülern nicht stimmt. Der »IQB-Bildungstrend 2015« vergleicht den von der Kultusministerkonferenz vorgegebenen Regelstandard für den mittleren Schulabschluss mit den tatsächlichen Leistungen der Schüler. Im Fach Deutsch wurden drei Kompetenzbereiche untersucht. Das Ergebnis ist niederschmetternd: Im Kompetenzbereich Zuhören verfehlten 38,1 Prozent den Regelstandard, 18,5 Prozent blieben sogar noch unter dem Mindeststandard. Im Kompetenzbereich Orthografie blieben 34,1 Prozent unterhalb des Regelstandards und 13,7 Prozent unterhalb des Mindeststandards. Der dritte Kompetenzbereich war das Lesen. Hier erreichen 51,6 Prozent der Neuntklässler nicht den Regelstandard, 23,4 Prozent noch nicht einmal den Mindeststandard.

Der Neuseeländer John Hattie wollte wissen: Was macht schulischen Lernerfolg aus? Er ging die Sache wissenschaftlich an. Er fragte sich also nicht: »Wie hätte ich es denn gerne? Wie stelle ich mir eine tolle Schule vor?«, sondern er verglich in einer ungeheuren Fleißarbeit 15 Jahre lang 800 Metastudien mit Daten von insgesamt 250 Millionen Schülern. Er identifizierte 138 Parameter, die auf den Lernerfolg von Kindern einen Einfluss haben.[12] Hier die ersten drei Plätze:

- *1. Platz:* das Vertrauen der Schüler in ihre eigene Leistung (statistischer Vergleichswert 1,44) – dieses Vertrauen bildet sich im Austausch mit dem Lehrer als abgegrenztes Gegenüber, das Feedback zu den Leistungen des Kindes gibt.

- 2. *Platz:* die kognitive Entwicklungsstufe nach Piaget (1,28) – ein wunderbarer Beleg dafür, dass eine dem Alter entsprechende Reife der Psyche maßgeblich für den Lernerfolg ist. Auch die Entwicklung der Psyche ist – wie mehrfach betont – von einem abgegrenzten Gegenüber anhängig. Je weniger die Eltern diese Rolle übernehmen können, desto wichtiger wird der Lehrer.
- 3. *Platz:* die fortwährende Überprüfung des Unterrichtserfolgs (0,9) – auch hierfür ist der Lehrer als abgegrenztes Gegenüber erforderlich.

Auf den ersten drei Plätzen befinden sich also Parameter, die mit einem präsenten Gegenüber stehen und fallen. Auch auf den folgenden Plätzen befinden sich Einflussgrößen, die direkt mit der Einflussnahme durch den Lehrer zusammenhängen, zum Beispiel »Interventionen zur Beeinflussung von Verhalten in der Klasse« (0,8), »Interventionen für Lernende mit besonderem Förderbedarf« (0,77) usw. All dies hätte 1990 niemand in Frage gestellt. Es war sonnenklar: Der Lehrer leitet an, prüft die Hausaufgaben, gibt einen festen Rahmen vor usw. Nur heutzutage kommt man auf die Schnapsidee, genau das, was den Lernerfolg ausmacht, zu eliminieren.

Für die Befürworter des autonomen Lernens kommt es sogar noch schlimmer: Am anderen Ende von Hatties Liste stehen genau die Einflussfaktoren, die mit Lerntheke und Grenzenlosigkeit in Verbindung stehen: »jahrgangsübergreifende Klassen« (0,04), »Freiarbeit« (0,04) und »offene Klassenzimmer / offene Lehr- und Lernformen« (0,01). Deren Vergleichswerte gehen gegen Null und werden als potenziell schädlich angesehen. Die Empfehlung lautet: nicht umsetzen! **97**

Eindeutiger geht es kaum! Hattie wies also nach, was in sich ruhende Erwachsene intuitiv begreifen: Für den schulischen Lernerfolg von Luis und Luisa ist eine starke Beziehung mit klar verteilten Rollen zwischen Schüler und Lehrer unverzichtbar. Genau diese Beziehung wird aber von der Bildungspolitik ausdrücklich nicht gewünscht!

Die Ideologen haben über Jahrzehnte dafür gesorgt, dass vielen Lehrern die Bedeutung ihrer eigentlichen Rolle gar nicht mehr bewusst ist. Als Lernbegleiter bewegen sie sich ja auch nur am Rande der Wahrnehmung der Schüler. Eine Umfrage des Instituts für Demoskopie Allensbach vom März 2011 ergab, dass nur 8 Prozent der Lehrer an allgemeinbildenden Schulen ihren Einfluss auf die Schüler als »sehr groß« einschätzen. 48 Prozent meinen, dass sie nur »wenig bis keinen« Einfluss auf die Schüler haben. Wie traurig ist das denn! Da haben Menschen – meist aus idealistischen Gründen – den ungeheuer wichtigen Beruf des Lehrers gewählt und glauben nicht, dass sie überhaupt eine nennenswerte Wirkung erzielen.

Ich lerne viele Erzieher und Lehrer kennen, die sich nicht (mehr) mit der Rolle als Lernbegleiter zufriedengeben wollen. Sie finden den Mut, wieder eine Rolle einzunehmen, die für die Kinder die besten Lernvoraussetzungen bedeutet: als Bezugspunkt und damit auch als Orientierung für die Kinder. Mit einer vorgegebenen Struktur fühlen sich auch Luis und Luisa viel wohler. Und auch die Arbeitsbedingungen für Lehrer und Erzieher werden so wieder erträglich.

Was also kann ein Lehrer tun? Der erste Schritt ist es zu verstehen, dass den Verhaltensauffälligkeiten der Kinder in seiner Klasse kein *Erziehungs*fehler zugrunde liegt, sondern ein *Entwicklungs*fehler, weil sie in einer Symbiose mit ihren Eltern groß geworden sind. Nun wird er die Nagel-

probe machen, um zu erfahren, woran er ist: Wie viele der
Kinder in seiner Klasse sind in ihrer psychischen Entwicklung steckengeblieben? Das gibt nicht nur ihm selbst einen
wichtigen Anhaltspunkt. Es wäre zu wünschen, dass solche
Zahlen gesammelt und veröffentlicht werden, um die Bildungspolitik zum Handeln aufzufordern.

Viele Lehrer sagen, dass sie sehr gut mit ihrer Klasse
zurechtkommen. Das liegt daran, dass sie auf das Ergebnis
ihrer Bemühungen schauen: Luis *hat* das Buch herausge-
holt. Luisa *hat* aufgehört, sich mit ihrer Banknachbarin zu
unterhalten. Dass hierfür mehrere Aufforderungen notwendig waren, fällt gar nicht mehr auf; man hat sich dran
gewöhnt. Doch es bleibt dabei: Wenn der Lehrer einem
Kind Aufträge (»Bitte sei leise«, »Hol das Buch heraus und
schlag Seite 98 auf« usw.) ständig doppelt und dreifach geben muss, dann hat es den Reifegrad eines Kleinkindes.
Dies ist ein ganz simples diagnostisches Kriterium, das sich
so einfach anwenden lässt und auch so aussagekräftig ist
wie ein Blutzuckertest.

Nun stellt sich der Lehrer der Aufgabe, diese Kinder
mit viel Geduld und Stehvermögen auf den Stand ihres Alters zu bringen. In einem Umfeld, in dem partnerschaftliche Beziehung verlangt und auch oft gelebt wird (und
der Lehrer manchmal sogar in die Projektion rutscht: »Ich
möchte, dass meine Klasse mich liebt«), braucht er einigen
Mut, sich in das Zentrum des Unterrichts zu stellen und
auf Hierarchie statt auf Augenhöhe zu setzen.

Er fragt zum Beispiel nicht: »Warum hast du keine
Hausaufgaben gemacht?« Denn seine zentrale Aufgabe ist
es nicht, Erklärungen für ein Verhalten zu finden, sondern
eine Realität in Form von Strukturen und Regeln zu schaffen. Wie im Straßenverkehr ist ein solches Regelgerüst
unumgänglich. So wie die Regeln »Es herrscht Rechtsver-
kehr« und »An einer roten Ampel wird angehalten« ohne **99**

Wenn und Aber durchgesetzt werden, muss das auch mit den Regeln »Andere Schüler werden nicht geschubst« und »Hausaufgaben werden gemacht« passieren. Dies gibt dem Kind verlässlichen Halt und Sicherheit.

Er leitet einfühlsam und konsequent das Kind an und bringt es über Wochen und Monate hinweg dazu, sich auch dann anzustrengen, wenn es mal keinen Spaß macht. Er gibt klare und verständliche Rückmeldungen, auch in Form von Noten. Denn nur so nehmen Schüler und Eltern Entwicklungsbedarf wahr. Ein Lob zur richtigen Zeit wirkt hier Wunder, denn wie John Hattie gezeigt hat, ist der mit Abstand wirksamste Faktor das Vertrauen des Kindes in die eigene Leistung: »Ich kann das!«

Seit fast 30 Jahren erzähle ich sieben- bis zwölfjährigen Kindern, die zu mir in die Praxis kommen, eine Geschichte: Eine Fee kommt zu ihnen und sagt ihnen, dass sie zehn Wünsche frei hätten. Dann bitte ich sie, ihre zehn Wünsche aufzuschreiben.

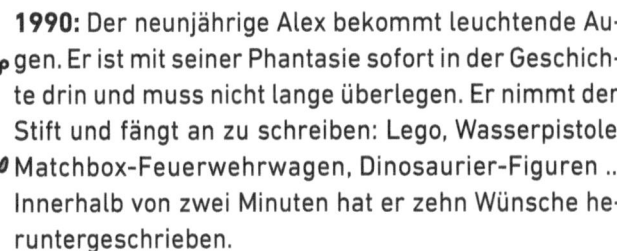

1990: Der neunjährige Alex bekommt leuchtende Augen. Er ist mit seiner Phantasie sofort in der Geschichte drin und muss nicht lange überlegen. Er nimmt den Stift und fängt an zu schreiben: Lego, Wasserpistole, Matchbox-Feuerwehrwagen, Dinosaurier-Figuren … Innerhalb von zwei Minuten hat er zehn Wünsche heruntergeschrieben.

Die Wunschliste erlaubt mir einen Einblick in die Weltsicht des Kindes. Was Alex sich 1990 vorstellt, ist angemessen kindlich für sein Alter. Doch schon 1995 gab es einen merklichen Wechsel zu einer ganz anderen Art von Wünschen. Viele Eltern waren zu dieser Zeit bereits in eine partnerschaftliche Beziehung zu ihren Kindern gerutscht, so dass sie ihre Kinder wie kleine Erwachsene behandelten. Die Kinder wurden mit in Erwachsenenthemen hineingezogen; einen geschützten Raum, in dem sie unbelastet heranwachsen durften, gab es nicht mehr für sie. Das merkte man auch an ihren merkwürdig altklugen Wünschen. In jener Zeit las ich zum Beispiel auf dem Zettel: »Ich wünsche mir, dass meine Eltern nicht mehr so oft miteinander streiten, dass Opa wieder Arbeit findet, dass es den Flüchtlingen aus Jugoslawien gut geht« usw. In anderen Familien hatten die Erwachsenen andere Gesprächsstoffe und die Kinder schrieben: »Ich möchte reich sein, ein Haus haben, einen

101

Swimmingpool, ein dickes Auto ...« Ob nun Weltfrieden gewünscht wurde oder Materielles, das spontan Kindliche war in den Hintergrund getreten.

Waren die Eltern denn nicht alarmiert? Den Müttern und Vätern musste ja die fehlende Unbeschwertheit auffallen. Doch die Erwachsenen freuten sich darüber, dass ihre Kinder »für ihr Alter schon so weit entwickelt« waren. Die Intuition dafür, dass die Wünsche ihrer Söhne und Töchter keine Kinderwünsche mehr waren, hatten sie bereits verloren. Es wurde sogar noch schlimmer: Seit der Jahrtausendwende kam hinzu, dass immer mehr Eltern selbst die Orientierung verloren und als Kompensation begannen, sich am Kind zu orientieren (Projektion). Zu den Folgen gehörte, dass Eltern von ihren Kindern partout geliebt werden wollten.

Ab etwa 2003 wurden Partnerschaftlichkeit und Projektion von der Symbiose überholt (Kapitel 7 geht genauer auf die Zusammenhänge und die Gründe für Partnerschaft, Projektion und Symbiose ein). Weil die betroffenen Eltern ihren Kindern kein abgegrenztes Gegenüber mehr sind, kann sich deren Psyche nicht entwickeln. Eine der Folgen für die Kinder: Eine überbordende kindliche Phantasie bildet sich gar nicht erst. Der bunte, magische Erlebnisraum des Kindes von 1990 ist auf eine farblose, gefühlsarme Welt zusammengeschnurrt.

2017: Die Geschichte mit der Wunschfee hat die neunjährige Luisa nicht sonderlich beeindruckt. Zuerst kommt das Spielchen mit dem Steuern. »Auf das Blatt hier? Drei Wünsche? Ach so ... zehn ...« Endlich hat sie den Stift in der Hand. Sie überlegt eine Weile, schreibt dann »Geld« auf das Papier. Dann fällt ihr nichts mehr ein. Ich frage sie: »Was wünschst du dir denn noch?« Luisa hat keine Idee. Demonstrativ schaut sie sich im

Raum um. Dann schreibt sie: »ein Kamin, eine Lampe«.
Beides befindet sich bei mir im Untersuchungszimmer.
Wieder stockt sie. Ich muss sie mehrmals auffordern
weiterzumachen. Zwischendurch zeigt sie wieder das
steuernde Verhalten: »Kann ich mir auch einen Teppich wünschen?« Es dauert gefühlte Ewigkeiten, bis
ein paar Worte mehr auf dem Blatt stehen: »Teppich,
Stuhl ...« Luisa sagt: »Reicht das jetzt? Ich hab schon
zehn ...« Aber auf der Liste stehen nur sechs Dinge.

Es ist tieftraurig: Für fast alle Kinder, die ich heute nach
den zehn Wünschen befrage, ist nach nur ein, zwei Wünschen Schluss. Mehr fällt ihnen nicht ein. Selbst fünf Tage
vor Weihnachten antworten sie auf die Frage, was sie sich
denn wünschen: »Weiß ich nicht.« Falls sie überhaupt einen
Wunschzettel geschrieben haben (nachdem ihre Eltern sie
mehrmals darum gebeten hatten), wissen sie kurze Zeit
später nicht mehr, was darauf steht. Sie hatten ja sowieso
nur Dinge genannt, die sie kurz zuvor in der Werbung gesehen hatten. Echte Wünsche sind das nicht. Eltern sollten sich also nicht wundern, dass unterm Weihnachtsbaum
auch dann die Stimmung mies ist, wenn sie den Wunschzettel Punkt für Punkt abgearbeitet haben.

In den vorangegangenen beiden Kapiteln ging es darum,
wie Eltern und Lehrer mit den in ihrer Entwicklung blo-
ckierten Kindern zurechtkommen. Nun endlich geht es um
die Kinder selbst: Wie sieht ihre Welt aus? Was hat sich seit
1990 für sie geändert? Es muss sich doch gut anfühlen, die
Erwachsenen steuern und bestimmen zu können – oder?
Nun ja, das Machtgefühl ist zwar da, doch der Preis ist
sehr hoch.
  Das Beispiel mit der Wunschliste zeigt, wie abgeflacht
die Emotionen der Kinder und Jugendlichen sind, deren

103

Eltern in eine symbiotische Beziehung zu ihnen gerutscht sind. Sie haben Schwierigkeiten damit, ihre eigenen Gefühle und die der anderen wahrzunehmen oder zu beschreiben; der wissenschaftliche Begriff für diese Gefühlsblindheit lautet Alexithymie. Ohne ein Gegenüber, an dessen Reaktionen sie sich orientieren könnten, konnten die Kinder nicht lernen, wie sie ihre Gefühle sortieren können. Denn auch dies muss in vielen Schleifen eingeübt werden.

Im Vergleich zu normal entwickelten sind die nicht entwickelten Kinder schwingungsarm und leben relativ freudlos in einer gefühlsreduzierten Welt. Nur dort, wo ihnen Lust auf dem Silbertablett serviert wird, beim Fußballspielen, Eisessen oder am Computer, empfinden sie kurzzeitige Freude. Manche finden es witzig, ihre Geschwister und Klassenkameraden zu piesacken, andere ziehen sich in sich selbst zurück. Nach ihrem Entwicklungsstopp sind die Kinder wie leer, ihre Gesichter weisen wenig Mimik auf. Weil es ihnen an Empathie fehlt, sind sie auch nur eingeschränkt kommunikationsfähig. Sogar ihre Motorik ist betroffen.

1990: Alexa ist sechs Jahre alt. Seit Wochen steht auf dem Pausenhof Gummitwist hoch im Kurs. Die Mädchen machen die kompliziertesten Sprünge und es wird viel gelacht. Bisher ist Alexa immer an der Sprungfolge gescheitert, wenn das Gummi auf Hüfthöhe gespannt ist. Doch heute hat sie die Sprünge fehlerlos geschafft. Alexa ist überglücklich und stolz auf sich.

2017: Luisa ist sechs Jahre alt. Sie ist einen Großteil ihres Lebens herumgetragen und gefahren worden. Der Vater erzählt mir, dass sie auch heute noch gerne im Buggy fährt. Wenn ihr kleiner Bruder laufen will, erlauben ihr das ihre Eltern, damit sie sich nicht zurückgesetzt fühlt. Weil sie das Laufen auf der Treppe nicht genügend geübt hat, muss die Therapeutin sie an der Hand führen, damit sie nicht fällt.

Die betroffenen Kinder und Jugendlichen sind nicht unglücklich. Es genügt ihnen, nach der nächsten Lustbefriedigung zu streben. Ihr Leben dreht sich um die typische Frage der Narzissten: Wie kann ich das kriegen, was ich will? Dass sie keine Chance haben, sich zu beweisen, zu wachsen, etwas zu erreichen, nehmen sie nicht als Manko wahr. Sie können sich ja gar nicht vorstellen, wie das wäre. Der Reichtum sondergleichen, der ihr Leben bunt machen könnte, geht an ihnen vorbei.

Die Kinder, deren Kindheit gestohlen wird, haben auch keinen Begriff davon, was sie als Person ausmacht, was sie können und was sie nicht können. Denn dies ließe sich ja nur im Kontakt mit Bezugspersonen feststellen, an denen sie sich ausprobieren dürfen. Sie bekommen aber keine angemessene Antwort. Nur selten verspüren sie aus sich heraus einen Leidensdruck und schaffen es, sich und ihr Leben zu hinterfragen.

2017: Die 18-jährige Luisa ist eine der wenigen Jugendlichen, die aus eigenem Antrieb zu mir in die Sprechstunde kommen. Sie ist sehr gut begabt, macht aber einen unglücklichen Eindruck. Ich frage sie nach dem Grund für ihr Kommen. Sie sagt: »Eigentlich geht's mir nicht gut. Es geht nicht voran.« Im Gespräch erfahre ich mehr über ihr Leben. Im Alltag ist Luisa unmotiviert, Vieles nimmt sie als Anstrengung wahr. Ich bin erstaunt, als sie mir sagt, dass sie seit sechs Jahren keine Hausaufgaben mehr macht.

In ihrer Freizeit sieht sie gerne Serien im Fernsehen, für Computer interessiert sie sich nur mäßig, auch Alkohol und Drogen spielen keine Rolle. Sie interessiert sich für Philosophie und sozialistische Ideen und engagiert sich in einer links-orientierten Jugendbewegung. Nach dem Abi will sie in Nepal in einem Projekt arbeiten. Aber bis zum Abi sind es noch eineinhalb Jahre.

»Wie verstehst du dich denn mit deinen Eltern?«, frage ich. »Und was sagen sie zu deinem Engagement?« Doch Luisa winkt ab. Beide Eltern arbeiten, ihr Vater, ein selbstständiger Unternehmer, belächelt ihre Ideen. Er meint, das sei nur eine Durchgangsphase. »Die wird schon noch normal«, hat er mal der Mutter gesagt. Es gibt keine weltanschaulichen Diskussionen bei Luisa daheim, politische Themen kommen nicht auf den Tisch.

Luisas Wunsch an mich ist: »Machen Sie, dass das weggeht!« Verzweifelt fragt sie mich: »Was kann ich tun, wo ich nicht meinen Kopf brauche?« Als ich ihr vorschlage, ernsthaft einen Sport zu betreiben oder ein Musikinstrument zu lernen, sagt sie sofort: »Ja, ich will Bassgitarre lernen!«

Luisa hat verstanden, dass da etwas mit ihr passiert, was nicht in Ordnung ist. Sie hat ihr Leben lang kein Gegenüber gehabt, an dem sie sich messen durfte. Sechs Jahre lang ist kein Lehrer auf die Idee gekommen, ihr die Hausaufgaben abzuverlangen. Auch die Eltern nehmen sie nicht ernst. Sie halten es nicht für nötig, mit ihr über ihre Ideen zu diskutieren. Egal, wo Luisa hinfasst, trifft sie nur auf Watte. Was sie auch tut, sie bekommt kein Gegenüber und damit auch keine Antwort auf ihre Frage: »Wer bin ich?«

Dazu kommt, dass – auch wenn sie von vorne bis hinten bedient wird – Luisa die Erfahrung verweigert wird, dass sie etwas bewegen kann. Sie darf damit auch nicht das Gefühl entwickeln, dass sie gebraucht wird und dass es auf sie ankommt.

Es gibt einen guten Grund, warum ich Luisa vorgeschlagen habe, in einen Sportverein zu gehen oder ein Musikinstrument zu lernen. Denn meist besteht noch eine klare, hierarchische Beziehung zwischen Musiklehrer bzw. Sporttrainer und dem Kind. Es kann sich nicht leicht durchmogeln. In einem Fußballclub wird nicht diskutiert, ob man heute mal das Aufwärmen ausfallen lässt. Der Trainer sagt an und fordert regelmäßig und beständig Leistung ab. Denn das Ziel ist nicht, nach Lust und Laune ein wenig herumzukicken bzw. auf der Geige herumzuschrammeln, sondern Freude daran zu finden, den Ball und das Musikinstrument immer besser zu beherrschen.

Beim Sporttraining und in der Musikstunde hat Luisa endlich ein Gegenüber, das sie spiegelt. Sie wird die Entdeckung machen, dass von ihr Übungen in schier endlosen Wiederholungen abverlangt werden. Aber sie wird auch das große Glücksgefühl erleben, dass sie schnell Fortschritte erzielt und immer mehr kann. Endlich kann Luisa vergleichen, was andere drauf haben und was sie selbst drauf hat – ein wichtiger Beitrag dazu, dass sie endlich Orientierung bekommt.

Erwachsene nehmen viele Kinder und Jugendliche als orientierungslos wahr. Meist erklären sie sich das damit, dass die jungen Menschen in unserer komplexen Welt von den viel zu vielen Möglichkeiten »erschlagen« werden. Ein merkwürdiges Argument! Ich kann mir keinen Jugendlichen vorstellen, der aus einem Elektronik-Markt wieder hinausgeht, weil ihn die 200 Regalmeter mit Handys und Handy-Zubehör überfordern. **107**

Die jungen Menschen *sind* orientiert, nur ganz anders, als Eltern sich das vorstellen: Das Ziel heißt Lustgewinn. Wenn es darum geht, an etwas heranzukommen, das diese Lust verspricht, können sie enorme Hindernisse überwinden. Alles andere ist nicht im Fokus. Es ist wie bei einem Eineinhalbjährigen, der eine Keksschachtel auf dem Küchenbord sieht. Er holt sich einen Stuhl heran, klettert auf ihn und holt die Kekse herunter. Dass er reihenweise Gläser vom Bord fegt und auch sich selbst auf dem wackeligen Stuhl die Beine zu brechen droht, nimmt er nicht wahr.

Genau dies ist der Punkt: Dass so viele junge Menschen nicht wissen, was sie mit sich anfangen sollen, liegt daran, dass sie gar nicht so viel wahrnehmen. Denn so wie die Gefühlswelt müsste sich auch die Wahrnehmungsfähigkeit erst durch ständige Einübung entwickeln. 1990 wussten Schulanfänger noch sehr genau, wie ihre Klassenkameraden heißen. Ich stelle fest, dass das bei heutigen Erstklässlern nicht immer der Fall ist. Sie können mir auch nicht sagen, wie viele Schüler in ihrer Klasse sind oder ob es Parallelklassen gibt.

Kinder von symbiotischen Eltern haben nicht nur Schwierigkeiten zu erkennen, was um sie herum *ist*, sie haben auch kein Verständnis für Zusammenhänge. Bei normaler Entwicklung erwacht das Interesse an Abläufen ganz von alleine mit etwa acht Jahren.

1990: Alex hat schon immer gerne bei Bauarbeiten zugeschaut. Jetzt, mit acht Jahren, will er wissen, wie Bagger und Baukräne funktionieren. Zuvor hatten ihn nur die Dinge interessiert, die direkt mit ihm zu tun haben – »Wann gibt es endlich wieder Fischstäbchen?« – doch nun fragt er Tag für Tag seinen Eltern Löcher in den Bauch: Wie geht es auf einer Baustelle zu? Wie funktioniert die Post? Was passiert in einer Bank? Wo kommt das Benzin her, das aus der Zapfsäule herauskommt? Alle Informationen saugt er in sich auf. Als er einmal Brötchen holt und der Bäcker ihm die Backstube zeigt, ist dieses Erlebnis für ihn ein absolutes Highlight.

Interesse und Wahrnehmungsfähigkeit gehen Hand in Hand, das eine kann ohne das andere nicht ausgebildet werden. Sind die Kinder nur lustorientiert, nehmen sie auch nur wahr, was mit der Lusterfüllung zusammenhängt. Viele lebenspraktische Dinge checken sie gar nicht.

2017: Der achtjährige Luis hat schon immer gerne bei Bauarbeiten zugeschaut. Es macht ihm Spaß zuzusehen, wie große Maschinen große Löcher ausbaggern. Doch seine Welt setzt sich wie aus unverbundenen Mosaiksteinen zusammen: Baugrube, Schule, Bolzplatz und der Laden, in dem er sich seine Süßigkeiten kauft. Als seine Mutter ihn einmal bei einem Einkauf bittet, schnell einen Brief einzuwerfen und sie dann in der Apotheke zu treffen, weiß er weder, wo der Briefkasten ist, noch was eine Apotheke ist.

Kinder, deren Psyche sich nicht über den Stand eines 10 bis 16 Monate alten Kindes hinaus entwickeln durfte, sind nicht nur gefühlsblind und verfügen über eine eingeschränkte Wahrnehmung, sie sind auch nicht beziehungsfähig. Luis und Luisa haben kaum Freunde in der realen Welt.

Auch im Elternhaus werden Beziehungen nicht eingeübt. Luis und Luisa sind heute viel mit sich alleine. Sie hocken täglich stundenlang über irgendeinem Bildschirm, entweder allein in ihrem Zimmer oder auch mit den Eltern. Gemeinsame Mahlzeiten, früher Kommunikations-Übungsplatz Nummer eins, fallen in vielen Familien weg.

1990: Die Familie sitzt am Abendbrottisch. Alex erzählt von dem aus dem Nest gefallenen Jungvogel, den sein Freund auf dem Nachhauseweg von der Schule gefunden hat. Am Nachmittag, nach den Schulaufgaben, war er bei ihm und gemeinsam haben sie im Garten nach Würmern gesucht. Alle unterhalten sich darüber, was Vögel fressen und wie man sie warm hält. Alex' Vater kann gute Tipps geben, denn er hat als Kind auch mal eine kleine Amsel durchgefüttert.

2017: Die Familie sitzt auf dem Ecksofa, der Fernseher dudelt vor sich hin. Auf dem Couchtisch stehen liebevoll angerichtete Teller mit Brot, Gemüsestreifen und Dips. Offiziell herrscht beim Essen Handyverbot. Doch niemand hält sich daran – auch nicht die Eltern. Luis schaut sich auf seinem Tablet eine »Wissen macht Ah!«-Folge an, seine Mutter sucht nach günstigen Flügen für den nächsten Familienurlaub und der Vater checkt ein paar Zahlen, die ihm ein russischer Kunde gerade geschickt hat.

Weil ihnen die Übung zur Kommunikation fehlt, bleiben Luis und Luisa lieber daheim, als sich einer fremden Umgebung auszusetzen. Oft sagen ihre Eltern zu ihnen: »Nun mach doch mal! Du musst doch nur hingehen!« Doch weil Luis und Luisa in neuen Situationen stark verunsichert sind, wollen sie ihre Komfortzone nicht verlassen. Der zehnjährige Luis, der von den Eltern seines Klassenkameraden eingeladen wird, in den Ferien mit in deren Haus am Meer zu kommen, traut sich nicht, das Angebot anzunehmen. Die 16-jährige Luisa »vergisst« den Termin zum Bewerbungsgespräch oder sie sitzt dem Ausbilder wie ein stummer Fisch gegenüber. Dank ihrer Unerfahrenheit und übergroßen Schwellenangst sind die beiden in ihrem eigenen Leben wie in einem engen Korridor unterwegs.

Luis und Luisa sind einsame Menschen. Weil es ihnen an echten Gesprächspartnern fehlt, sind sie in einem ständigen inneren Dialog. Das führt zu Gedankenkreisen und nur noch mehr Verunsicherung.

Zwei Wahrnehmungen bestimmen das Leben der Kinder und Jugendlichen, deren Eltern zu ihnen eine symbiotische Beziehung unterhalten. Die erste ist: Leere. Die zweite: Sie stehen dauernd unter Strom. Wie kommt das? In ihren ersten Lebensjahren sind sie die Kings. Doch sobald sie anfangen, in der Schule schlecht abzuschneiden, machen die Eltern Druck.

Fast alle Streitereien in den Familien haben ihren Grund in den schulischen Leistungen der Kinder. Würde jedem Kind gleich mit der Geburt das Abitur in die Wiege gelegt, wären die symbiotischen Beziehungsmuster zwar immer noch da, doch in den Familien wäre Ruhe – und meine Praxis wäre praktisch leer. Gerade die Eltern, die am wenigsten gelassen sind und die größte Angst haben, dass ihre Kinder später keinen guten Job bekommen und auf der Strecke bleiben, sind auch jene, die mit hoher Wahrscheinlichkeit längst in die Symbiose gerutscht sind.

Nachdem die Kinder nie gelernt haben, sich anzustrengen, sollen sie nun plötzlich in der Schule Bestnoten abliefern. Sie genießen immer noch alle Freiheiten, ihnen wird weiterhin kaum etwas abverlangt, aber gleichzeitig ist der ständige Druck da, dass sie in der Schule zu funktionieren haben. Das verwirrt die Kinder und macht sie unsicher. Egal, wie spaßorientiert das Lernen gestaltet wird, verknüpfen manche Kinder Schule mit der Erfahrung, dass nun dauernd jemand an ihnen herumzerrt. Schulschwänzen ist eine beliebte Möglichkeit, sich dieser unangenehmen Situation zu entziehen.

Ich habe es in meiner Praxis immer öfter mit Schulverweigerern und ihren Eltern zu tun. Die Interviews mit ihnen zeigen, dass der Ablauf meist derselbe ist. Das Kind sagt: »Ich möchte heute nicht in die Schule.« Statt klar zu machen, dass es zum Schulbesuch keine Alternative gibt, fragen die Eltern: »Warum willst du denn nicht?« Die Kinder sagen dann, sie hätten in der Schule Angst, zum Beispiel weil sie gemobbt werden. Weil sie nicht über ihre Intuition verfügen, können Eltern in Symbiose diese Aussage nicht hinterfragen. Ist etwas dran an der Angst der Kinder? Dass die Eltern mit den Erklärungen »Ich habe Angst« und »Ich werde gemobbt« sehr schnell »zum Funktionieren« gebracht werden können, haben die Kinder schnell raus. Natürlich ist es für die Kinder unangenehm, wenn der Lehrer sie nach den Vokabeln fragt, aber Angstzustände sind das nicht.

Eine weitere Reaktion auf den Druck, den Schulkinder spüren, ist die Aggression. Durch das ständige Insistieren der Eltern werden ihre Töchter und Söhne geradezu aggressiv aufgepumpt. Je mehr die Eltern Druck machen, desto mehr regt das die Kinder auf. Sie können ja die Konfliktzusammenhänge gar nicht verstehen. Jedes Kind und jeder Jugendliche findet seinen eigenen Weg, mit diesen Aggressionen umzugehen.

In meiner Praxis beobachte ich seit einiger Zeit eine starke Zunahme an Cannabis-Konsumenten. Meistens sind

es Jungs, die mit dem Kiffen anfangen, teilweise sogar täglich zum Joint greifen. So kommen sie in eine entspannte,
angenehme Verfassung, in der sich Probleme leicht weg-
schieben lassen. Mädchen dagegen – auch schon im Kindesalter! – suchen Entlastung eher in der Autoaggression.
2014 fragte der britische National Health Service 16- bis
24-Jährige, ob sie sich schon einmal selbst verletzt haben
(ohne suizidale Absicht). 25,7 Prozent der jungen Frauen
und 9,7 Prozent der jungen Männer bejahten diese Frage.[13]

Die Betroffenen schneiden sich in den Unterarm,
kauen an ihren Nägeln, bis das Blut kommt, fügen sich
mit Kerzen, glühenden Zigarettenspitzen oder Streich-
hölzern Brandwunden zu. Der Schmerz bewirkt, dass die
Aggression (kurzzeitig) nachlässt und die Kinder und Jugendlichen sich endlich auch einmal spüren können. Eine
Rolle spielt auch das Gefühl, Macht und Kontrolle zu haben
– ganz so, wie sie es gewohnt sind.

Die Motivation der verhaltensauffälligen Kinder und Ju-
gendlichen wird heute in der Regel fehlinterpretiert. Viele
Erwachsene erklären sich deren Verhalten mit
• Verweigerungshaltung
• Respektlosigkeit
• Suche nach Aufmerksamkeit

Alle drei Erklärungen treffen nicht den Kern. Kinder, deren Psyche ein Entwicklungsalter von 10 bis 16 Monaten
aufweist, sind zur Verweigerung gar nicht fähig. Zum einen
ist Verweigerung eine Interaktion, also nur dann möglich,
wenn das Gegenüber als Person erkannt wird. Deshalb können normal entwickelte Kinder erst ab etwa zwei bis drei
Jahren die Entscheidung treffen, ob sie kooperieren oder
sich verweigern. So wie sich die nicht entwickelten Kinder
nicht der Person verweigern, tun sie das auch nicht der   **113**

Sache gegenüber. Setzt sich ein Erwachsener in Ruhe neben das Kind und leitet es kleinschrittig an, dann führt es die Hausaufgaben willig aus.

Aus demselben Grund sind Kinder, die sich nicht entwickeln durften, auch nicht respektlos. Unerzogene, respektlose Kinder hat es immer gegeben. Nun haben wir aber Kinder, die auch bei bester Erziehung keinen Respekt empfinden *können*. Wenn Kinder z.B. im Restaurant laut sind, handelt es sich um die Unfähigkeit, das Restaurant als einen Ort wahrzunehmen, an dem ein bestimmtes Verhalten erwünscht und angebracht ist. Luis' und Luisas Eltern können ihren Kindern, wenn diesen die entsprechende psychische Reife fehlt, höchstens einen Pseudo-Respekt andressieren.

Für die Kinder und Jugendlichen ist das Versagen der Erwachsenen katastrophal. Weil sie auf dem psychischen Stand von 10 bis 16 Monate alten Kindern stehenbleiben müssen, sind heute viele Kinder und Jugendliche

- gefühlsblind,
- ohne Orientierung, die über eine Lustorientierung hinausgehen würde,
- unfähig zur Kommunikation und vereinsamt,
- aggressiv bzw. autoaggressiv,
- pathologisiert.

Ihnen werden die unterschiedlichsten Motive für ihre Verhaltensauffälligkeiten unterstellt (Verweigerung, Respektlosigkeit, Suche nach Aufmerksamkeit), dabei fehlt ihnen immer nur ein abgegrenztes Gegenüber, an dem sie sich orientieren und entwickeln dürfen. Kaum jemand sieht, dass hinter der körperlichen Fassade des 10-, 15- oder 20-Jährigen ein psychisch völlig überfordertes Kleinkind steht.

Die letzten drei Kapitel haben gezeigt, dass die symbiotische Beziehung von Eltern zu ihren Kindern großes Leid mit sich bringt.

- **Die Eltern** möchten ihren Kindern so gerne eine wunderbare Kindheit schenken und können es doch nicht, weil sie in eine Symbiose gerutscht sind. Sie verwickeln sich in zermürbende Machtkämpfe, die sie nicht gewinnen können und verzweifeln an ihren Kindern, die ihnen gegenüber scheinbar respektlos und manchmal sogar auch aggressiv sind. Alle Erklärungen, die sie für das Verhalten ihrer Kinder finden, führen sie nur noch weiter in die Irre.

- **Die Lehrer** müssen gleich an drei Fronten kämpfen: Da ist die Bildungspolitik, die sie als »Lernbegleiter« sehen will; da sind die Eltern, die aus ihrer Symbiose heraus sofort in Kampfhaltung gehen, wenn es für ihre Kinder in der Schule nicht gut läuft, und da sind die Kinder selbst, die in dem Lehrer nur jemanden sehen, den man steuern kann.

- **Die Kinder** bewegen sich in einem Spannungsfeld zwischen großer Leere und großem Druck. Dass sie ein Leben führen, das weit unter ihren Möglichkeiten bleibt, merken sie gar nicht. Doch dass Eltern und Lehrer sie einerseits mit Spiel und Spaß zudecken, andererseits an ihnen herumzerren und Leistungen abverlangen, zu denen sie nicht fähig sind, das spüren sie sehr gut. Das Leben scheint ihnen so verwirrend und chaotisch, dass sie sich abkapseln oder ihre Aggressionen herauslassen müssen. Beides führt nur zu noch mehr Konfrontation mit Eltern und Lehrern.

So viel Kampf und Energievergeudung! Und so wenig Kindheit! Dabei ist bis zu einem bestimmten Alter auch noch im Nachhinein die vollständige Entwicklung des Kindes **115** möglich. Eltern und Erzieher brauchen dazu viel Zeit, viel Ruhe, viel Präsenz – und vor allem: die Fähigkeit, Kinder wieder als Kinder zu sehen. Denn Kinder sind weder Partner der Erwachsenen, noch sind sie deren »dritter Arm«. Sie wollen einfach nur unbelastet, frei von Verantwortung und angemessen versorgt ihren ganz eigenen Weg ins Erwachsenenleben finden.

Wenn wir Kindern wieder eine Kindheit schenken wollen, ist die Psyche der Dreh- und Angelpunkt der Bemühungen. Von ihr handelt das nächste Kapitel. Wenn wir die Psyche verstehen, erkennen wir, wie es überhaupt zu einer Fehlentwicklung wie der Symbiose kommen kann und auch, wie wir die Eltern und Lehrer in ihren Rollen stärken können. Denn nur dann werden sie wieder dafür sorgen, dass aus Luis und Luisa emotional und sozial entwickelte Persönlichkeiten werden, die verantwortungsvoll und beziehungsfähig ihren Platz im Leben finden.

TEIL III

DAS TOR ZUM GLÜCK

7 DIE EROBERUNG DER WELT

In den vorangegangenen Kapiteln war viel von der Psyche der Kinder die Rede und davon, dass sie sich entwickeln muss. Ich will nun genauer zeigen, was unsere Psyche eigentlich ausmacht, was sie leistet – und welche Folgen es für das Kind hat, wenn ihre Entwicklung ungewollt verhindert wird.

Unsere Psyche umfasst alle bewussten und unbewussten Vorgänge im Gehirn. Körper und Psyche sind die beiden Faktoren, die uns zum Individuum machen; salopp könnte man sagen: Psyche ist die Art und Weise, wie wir Menschen in unserem Körper stecken. Dabei sind Körper und Psyche natürlich nicht als zwei getrennte Bausteine zu verstehen – beide sind miteinander auf vielfältige Weise verbunden. Es gibt allerdings einen grundlegenden Unterschied zwischen ihnen: Der Körper ist sichtbar, fühlbar und messbar, doch die Psyche nicht; für sie gibt es kein einziges bildgebendes Verfahren. Sie kann nur indirekt erfasst werden – zu einer der Methoden komme ich später noch.

Ähnlich wie der Körper eines Menschen Nahrung aufnimmt und auf ein Vielfaches der Größe bei seiner Geburt heranwächst, entwickelt sich auch die Psyche des Kindes; ihre »Nahrung« ist all das, was sie an Sinneseindrücken aufnimmt. Mit der Zeit wird die Psyche immer komplexer und nimmt zunehmend Zusammenhänge und Strukturen wahr. Je älter das Kind wird, desto besser versteht es die reale Welt und findet es sich in ihr zurecht.

Nun kommt etwas sehr Wichtiges: Das Weltbild jedes Menschen ergibt sich aus dem Entwicklungsstand seiner Psyche. Kinder haben eine völlig andere Vorstellung davon, wie die Welt funktioniert und wie ihr Platz in ihr beschaffen ist, als Erwachsene (vgl. die Tabelle im Anhang).

Alex ist vier Wochen alt und schläft viel. Ist er wach, genießt er es, Körperkontakt zu spüren. Wenn er Hunger hat, verursacht ihm das Schmerzen und er schreit. Sobald dann seine Mutter kommt und ihn füttert, ist alles wieder gut. Wie alle Säuglinge ist Alex absolut Ich-bezogen und auf die Befriedigung seiner Bedürfnisse orientiert. Er hat keine Ahnung von der Welt, in die er hineingeboren wurde.

Alex' Psyche ist noch »klein« und diffus. Außenwelt und Innenwelt sind für ihn fast dasselbe; weder weiß er, dass »da draußen« Räume und Dinge und Menschen sind, noch kann er seine eigenen Sinneseindrücke und Gefühle differenziert einordnen. Im Wesentlichen nimmt er nur wahr, ob es ihm gut geht oder nicht. Alex' Weltbild lautet: Die Welt besteht aus der Mutterbrust, und die ist dazu da, mich zu bedienen.

Für den neugeborenen Alex ist der Vorhang zur Welt noch geschlossen. Nur durch einen winzigen Spalt dringt etwas Licht. Doch mit der Zeit arbeiten seine Sinne immer genauer und seine Kontaktfläche zur Welt wird immer größer. All die Informationen, die auf Alex einprasseln, sortiert seine Psyche mühsam und zieht Schlüsse aus ihnen. Sie muss zu dieser Mammutaufgabe nicht motiviert werden, denn von Anfang an ist in Alex das natürliche Streben nach Expansion angelegt: »Ich will mehr, ich will weiter, ich will krabbeln, laufen, springen lernen. Ich will in den Kindergarten, in die Schule, in die Ausbildung. Ich will mich sozial verhalten und ein selbstbestimmtes Leben führen.«

Unermüdlich arbeitet Alex' Psyche an ihrer Entwicklung und sorgt so dafür, dass sich für ihn mit jedem Tag und jedem Monat seines Lebens der Vorhang Stück für Stück weiter öffnet und ihm mehr von der Welt preisgibt. Mit der Zeit versteht Alex die Außenwelt, aber auch sich selbst **119** immer besser. Als Erwachsener wird Alex emotional, sozial und intellektuell gefestigt sein. Sein Weltbild wird dann so aussehen: Ich bin ein Individuum in einer (westlichen) Gesellschaft, nehme mein Leben eigenverantwortlich in die Hand und fühle mich auch für meine Mitmenschen verantwortlich.

Doch bis dahin ist es für Alex noch ein weiter Weg. In den ersten zweieinhalb Jahren seines Lebens ist seine Psyche vollauf damit beschäftigt, mehr über die Welt um sich herum herauszufinden. Sobald Alex seine Motorik halbwegs beherrscht, prüft und untersucht er alles, was sich in seiner Reichweite befindet. Eine Kinderrassel oder ein einfacher Bauklotz sind von höchstem Interesse. Alles wird ausgiebig betastet und in den Mund genommen.

Der sieben Monate alte Alex sitzt ganz vertieft im Wohnzimmer. In der einen Hand hat er ein Plastikauto, in der anderen einen Bauklotz. Mit großer Ausdauer fuchtelt er mit beiden Spielzeugen in der Luft herum und schlägt sie immer wieder gegeneinander. Dann lässt er plötzlich das Auto fallen und haut mit dem Bauklotz auf den Teppich. Das Geräusch ist ein ganz anderes, es fühlt sich auch weicher an. Dann patscht er mit seiner freien Hand auf den Teppich. Schließlich verbringt er die nächsten Minuten damit, mit dem Bauklotz auf dem Teppich hin- und herzufahren. Alex ist völlig konzentriert und bemerkt gar nicht, dass sein Vater ins Zimmer gekommen ist. Sein Vater beobachtet ihn amüsiert, denn Alex keucht vor Anstrengung.

Kein Wunder, dass Alex so schwer atmet. Es ist tatsächlich harte Arbeit, die Welt zu ergründen. Wie riecht die Mama?

Wie schmeckt ein Bauklotz? Wie fühlt sich nasser Sand an? Alex' Psyche sammelt unermüdlich Informationen über die Beschaffenheit der Welt und verarbeitet sie.

Mit neun Monaten hat Alex bereits enorme Entwicklungssprünge gemacht. Sein Weltbild hat sich stark erweitert, denn er nimmt nun wahr, dass es nicht nur ihn selbst gibt, sondern auch eine Außenwelt. Schon bald nach der Geburt konnte er seine Mutter erkennen, etwas später machte er die Erfahrung, dass Mutter und Vater unterschiedliche Personen sind. Als ihm klar wurde, dass es auch noch andere Menschen gibt als seine Eltern, fing er an zu fremdeln. Doch das hat sich bald wieder gelegt.

In einer Hinsicht hat sich Alex' Weltbild allerdings nicht geändert: In seiner Wahrnehmung ist er immer noch der Mittelpunkt des Universums. Wie schon in seinen ersten Lebensmonaten hält er alle Fäden in der Hand.

- Alex schlägt zwei Bauklötze in seiner Hand immer wieder zusammen. Seine Erkenntnis: Er kann die Bauklötze steuern.
- Wenn er schreit oder jammert, kommen Mama oder Papa sofort angerannt und versuchen herauszubekommen, was ihm fehlt. Seine Erkenntnis: Er kann die Eltern steuern.
- Sobald er den Löffel vom Tisch schmeißt, hebt die Oma ihn wieder auf. Seine Erkenntnis: Er kann die Oma steuern.
- Die Menschen um ihn herum schenken ihm Aufmerksamkeit, wenn er lächelt und brabbelt. Seine Erkenntnis: Er kann die Menschen steuern.

Für Alex gibt es keinen Unterschied zwischen Dingen und Menschen, alles ist ihm untergeordnet und dazu da, dass er sich wohlfühlt. Doch dieses autonome Weltbild bekommt etwa ab dem Alter von zehn Monaten erste Risse, denn Alex lernt jetzt krabbeln und laufen. Er wird nicht mehr nur herumgetragen und -gefahren, endlich kann er auf eigene Faust den Ort wechseln. Das hat weitreichende Folgen, zum Beispiel beginnt seine Psyche, die Welt nun auch räumlich wahrzunehmen.

Auch für die Aufgabe, all die Dinge einzuordnen, die um Alex herum sind, bedeuten das Krabbeln und Laufen einen enormen Entwicklungsschritt. Denn auf seinen Entdeckungsreisen stößt er zum ersten Mal in seinem Leben buchstäblich an Grenzen. Alex merkt, dass eine Wand nicht weggeht, und wenn er noch so oft mit den Händen dagegenpatscht. Auch der schwere Couchtisch leistet Widerstand. Aber der kleine Hocker und die Bauklötze »gehorchen« ihm. Auch in dem Verhältnis zu seinen Eltern ändert sich etwas grundlegend: Sie sind nicht mehr so berechenbar, wie er es gewohnt ist. Wenn er quengelt, dauert es manchmal eine Weile, bis sich ihm jemand zuwendet.

Alex ist zehn Monate alt und fühlt sich einsam. Seine Mutter sitzt mit dem Rücken zu ihm an ihrem Schreibtisch, als sie hört, dass ihr zwei Schritte hinter ihr sitzender Sohn anfängt zu quäken. Die Mutter hört an seiner Stimme, dass er sie nicht dringend braucht. Ein rascher Blick auf ihn zeigt ihr, dass Alex tatsächlich nur Lust auf Zuwendung hat, seine Unterlippe ist ein wenig vorgeschoben, das gibt seinem Gesicht einen etwas beleidigten Ausdruck. Die Bauklötze, mit denen er gespielt hat, liegen unbeachtet neben ihm. Lächelnd wendet sich die Mutter wieder den Unterlagen zu, sie will schnell noch die beiden letzten Überweisungen fertig machen. Alex' Gejammer wird lauter. Daran, dass seine Mama nicht sofort angesprungen kommt, wenn er sich meldet, hat er sich noch nicht gewöhnt. Nach zwei Mi-

nuten ist die Mutter bei ihrem Sohn, nimmt ihn auf und kitzelt ihn am Bauch, so dass er lachen muss.

Was Alex nicht weiß: Die ersten Lebensmonate, in denen es für die Bildung seines Urvertrauens so wichtig war, dass sich seine Eltern ihm sofort zuwenden, sind nun vorbei. Jetzt beginnt die Zeit, in der seine Bezugspersonen intuitiv und unbewusst mit ihm einüben, auch einmal zu warten und auszuhalten. Die Machtverhältnisse haben sich nun umgekehrt. Nicht mehr Alex bestimmt, wann sich die Erwachsenen ihm zuwenden, sondern die Erwachsenen.

Ganz schön viel auf einmal für so einen kleinen Kerl wie Alex! Ungefähr ein halbes Jahr, **von seinem 10. bis 16. Lebensmonat**, testet er ausgiebig und in endlosen Schleifen aus: Was lässt sich von ihm steuern und was nicht? Was besitzt einen eigenen Willen? Reagiert Papa, wenn er die Bücher aus dem Bücherregal herauszieht? Kann er Mama durch sein Geschrei steuern oder muss er abwarten, bis sie sich ihm zuwendet? Immer klarer wird für ihn das Bild: Es gibt Gegenstände, die reagieren auf ihn immer auf die gleiche Weise – entweder gar nicht (Wände, große Möbel usw.) oder sie lassen sich verschieben, wann immer er es möchte (Stühle, Bücher, Bauklötze usw.) Menschen dagegen haben ein Eigenleben: Zum Beispiel lassen sie sich manchmal beklettern, manchmal nicht. Das ist richtig kniffelig, all dies sicher auseinanderzuhalten. Ungefähr am Ende des 16. Lebensmonats kann Alex seine Umwelt zuverlässig in Gegenstände und Menschen, Steuerbares und nicht Steuerbares einordnen.

Genau dies ist die Entwicklungsphase, über die die Kinder von Eltern, die in die Symbiose gerutscht sind, nicht hinauskommen. Weil diese Eltern ihrem Kind gegenüber im falschen Denksystem sind, nehmen sie es als Teil ihres eigenen Körpers wahr. Wenn das Kind mault, nehmen sie das wie Körperschmerzen wahr und reagieren reflexartig – das Kind will ein Eis, also bekommt es eins. Sie befriedigen sofort alle Bedürfnisse ihres Kindes und verweigern ihm so die Erfahrung, dass nicht immer alles nach seinem Willen geht. Was in den ersten Lebensmonaten noch unbedingt notwendig ist, damit das Kind sein Urvertrauen ausbilden kann, wird jetzt zum Hemmschuh seiner weiteren Entwicklung. Aus der Sicht des Kindes reagieren die Eltern wie ein Gegenstand. Weil das Kind seine Eltern nicht als Menschen mit eigenem Willen erfährt, kann es den Unterschied zwischen Gegenstand und Mensch nicht in sein Weltbild integrieren.

Zur Erinnerung: Kinder sind von Natur aus in der Expansion. Das heißt: Sie *wollen* lernen, begreifen, sich die Welt erobern. Sobald sie eine Entwicklungsphase abgehakt haben, gehen sie von ganz alleine zur nächsten Stufe über. Alles was die Kinder ab dem Alter von 10 Monaten dazu brauchen, sind Erwachsene (Eltern, Großeltern, später auch Erzieher und Lehrer), die in sich ruhen, gelassen und abgegrenzt sind und sich auf ihre Intuition verlassen können. So helfen sie dem Weltbild ihres Kindes auf die Sprünge: Hoppla! Die Welt dreht sich ja gar nicht nur um mich! Genau diese Erkenntnis ist die Voraussetzung für den nächsten Entwicklungsschritt: Ab zweieinhalb bis drei Jahren orientieren sich Kinder an den Erwachsenen (mehr dazu weiter unten). Das geht aber nur, wenn sie sich selbst nicht mehr als Könige der Welt sehen.

Ein weiterer Expansionsblocker in diesem Alter ist die Tatsache, dass heutzutage viele Kinder dauernd getragen, ins Auto geschnallt, im Buggy zugegurtet werden, obwohl sie doch gerade krabbeln und laufen lernen. Dass es nicht lange braucht, bis einem Kind sein Bewegungsdrang abhandenkommt, kann man auch in anderen Kulturen beobachten. In manchen Gegenden tragen Mütter ihre Kinder ständig in einem Tuch auf dem Rücken, damit sie ihrer Arbeit nachgehen können. Anfangs strampeln die Kinder noch unwillig, nach wenigen Wochen ist ihr Bewegungsdrang gebrochen; danach lassen sie sich mühelos ins Tuch packen.

Dieses ständige Ruhigstellen wirkt sich nicht nur auf die Motorik verheerend aus; auch für viele Lernzusammenhänge, die die Psyche im Gehirn herstellen muss, braucht es körperliche Bewegung. Doch die kommt auch im Kindergarten- und Schulalter der Kinder viel zu kurz: Weil die Kinder keinen Bock haben (die Eltern haben sie ja nicht an das draußen Spielen herangeführt) und die Eltern k.o. sind und es auch gar nicht aushalten, wenn das Kind unzufrieden ist, gibt es kaum gemeinsame Familienausflüge. Damit fehlen den Kindern wichtige Elementarerlebnisse. Bekannt ist das Beispiel, dass ein Kind, das nie einen kleinen Bach aufstauen und mit verschieden großen Durchbrüchen in den von ihm gebauten Dämmen experimentieren durfte, später in der Schule Schwierigkeiten haben wird zu begreifen, wie elektrischer Strom funktioniert.

Natürlich bleiben Luis und Luisa keine Kleinkinder, ihre Körper wachsen und entwickeln sich in den kommenden Jahren weiter, und auch in einigen Bereichen der Psyche machen sie Fortschritte. Sie lernen sprechen und, wenn sie die Lust dazu haben, auch Fahrradfahren und Algebra. Doch all dies basiert auf der sehr eingeschränkten psychischen Reife eines 10 bis 16 Monate alten Kindes.

Expansion findet nur noch im Lustbereich statt. Werden von außen Anforderungen an die Kinder herangetragen, wird ihnen das schnell zu viel. Ich kenne Fälle, in denen es dem Kind sogar im Lustbereich zu anstrengend wird.

125

2017: Der 13-jährige Luis strengt sich nicht gerne an, lieber hockt er ganze Nächte am Computer und spielt. Die ersten Stages seines Lieblingsspiels kann er aus dem Effeff, aber dann wird es komplizierter. Seit Tagen hat er versucht, auf das nächste Level zu kommen, hat es aber nie geschafft. Als er entdeckt, dass man auf YouTube professionellen Spielern beim Spielen zuschauen kann, ist das die Lösung seines Problems. Ab sofort legt er nicht mehr selbst Hand an, sondern beobachtet nur noch, wie andere sich abmühen.

Das Vermeiden von Anstrengungen und fehlende Frustrationstoleranz machen die Zeit, in der Alex und Alexa eine bunte, fröhliche Kindheit erleben, schal und fade. Das Hauptproblem ist jedoch, dass Luis' Weltbild das eines Kleinkindes bleibt. Luis und Luisa sind auch mit fünf, zehn und fünfzehn Jahren fest davon überzeugt, dass es für sie keine verlässlichen Grenzen gibt und dass sie allein es sind, die bestimmen, was um sie herum passiert. Wie sollen sie später einmal Freunde finden, Beziehungen eingehen und sich in ein Unternehmen eingliedern? Mit diesem narzisstischen Weltbild ist ihnen der Weg ins Erwachsenenleben verwehrt.

Im Folgenden geht es darum, welche weiteren großen Entwicklungsschritte die Psyche normalerweise im Alter von 16 Monaten bis 16 Jahren macht. Alex und Alexa machen diese Entwicklungsschritte. Luis und Luisa nicht.

Wenn Alex zweieinhalb bis drei Jahre alt ist, hat seine Psyche einen gewissen Sättigungsgrad erreicht, was das Erkennen und Einordnen der Umgebung angeht. Natürlich arbeitet sie weiter daran, zum Beispiel die geographische Karte von Alex' Welt immer genauer zu zeichnen. Es dauert noch einige Zeit, bis er sein Lieblingsmäuerchen auf dem

Weg zum Kindergarten, der Supermarkt, in dem seine Mutter mit ihm immer einkaufen geht, und sein Spielplatz für Alex nicht mehr isolierte Punkte in seiner Wahrnehmung sind, sondern er sie miteinander verknüpfen kann.

Doch nun kommt etwas ganz Neues hinzu. Es ist für Alex nicht mehr so interessant, ob und wie seine Eltern reagieren. Er hat den Bücherschrank oft genug ausgeräumt, um zu wissen, dass da eine Reaktion von Papa kommt. Nun will Alex sich an den Erwachsenen orientieren. Es ist für sein gesamtes zukünftiges Leben entscheidend – also tatsächlich lebenswichtig – dass er herausfindet, welches Verhalten in Ordnung ist und welches nicht.

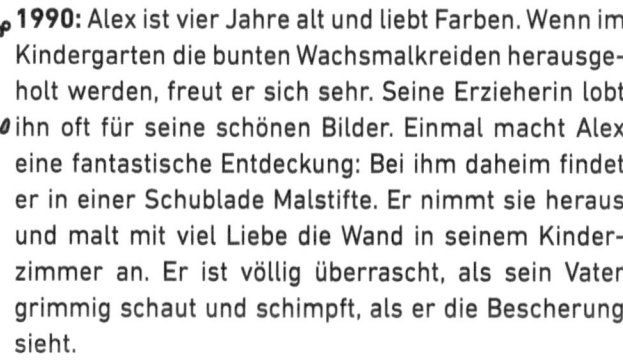 **1990:** Alex ist vier Jahre alt und liebt Farben. Wenn im Kindergarten die bunten Wachsmalkreiden herausgeholt werden, freut er sich sehr. Seine Erzieherin lobt ihn oft für seine schönen Bilder. Einmal macht Alex eine fantastische Entdeckung: Bei ihm daheim findet er in einer Schublade Malstifte. Er nimmt sie heraus und malt mit viel Liebe die Wand in seinem Kinderzimmer an. Er ist völlig überrascht, als sein Vater grimmig schaut und schimpft, als er die Bescherung sieht.

Für den kleinen Alex war die Reaktion seines Vaters unvorhersehbar. Einmal darf es etwas anmalen, ein anderes Mal nicht! Dass er in den nächsten Wochen und Monaten noch ein paar Mal auf der Wand seines Zimmers herumkrakelt, ist nicht etwa als Zwergenaufstand zu werten. Sein Vater hatte ihm zwar erklärt: »Alex, mach das nicht noch einmal! Jetzt muss ich die Wand neu streichen und ich hab wirklich anderes zu tun!« – doch Alex ist noch viel zu klein, um solche Zusammenhänge zu verstehen. Aber er merkt sehr gut, dass sein Vater sauer ist. Doch **127**

am nächsten Tag wird er wieder von seiner Erzieherin im Kindergarten für ein Bild gelobt. Rätsel über Rätsel! Er braucht ein paar Schleifen, bis er kapiert: Auf Papier ist es okay, an der Wand nicht.

Jeder Tag ist für die Psyche des Kindes eine neue Herausforderung. Manchmal reagieren die Erwachsenen so, wie das Kind es erwartet, manchmal nicht. Je klarer die Bezugspersonen in ihren positiven als auch negativen Reaktionen sind, desto einfacher ist es für Alex, sich zurechtzufinden, und desto weniger Durchläufe braucht er, um zu verstehen, was die Erwachsenen von ihm erwarten. Dabei bedeutet Klarheit nicht, dass Eltern unbedingt streng sein müssen.

1990: Der dreijährige Alex sitzt zufrieden im Sandkasten und spielt mit seinem Bagger. Neben ihm gräbt Simon, der gleichaltrige Nachbarsjunge, ein Loch. Dessen zaghafter Versuch, nach dem Bagger zu greifen, wird durch eine schnelle Körperdrehung von Alex abgeschmettert. Doch Simon schaut immer wieder sehnsüchtig auf den Bagger. Alex' Mutter hat die beiden im Blick und setzt sich nach einiger Zeit auf den Rand des Sandkastens. Sie bewundert den Sandhaufen, den Alex aufgetürmt hat. Dann sagt sie: »Alex, magst du dem Simon mal deinen Bagger ausleihen?« Alex macht das, weil seine Mutter es ihm sagt. Simon ist hochbeglückt. Nach einiger Zeit sagt Alex' Mutter zu Simon: »Gibst du nun dem Alex den Bagger wieder zurück?« Simon trennt sich widerstrebend von dem Spielzeug. Immer wieder übt die Mutter mit Alex ein, anderen Kindern auch mal etwas abzugeben. Als sie zum ersten Mal beobachtet, dass ihr Sohn freiwillig Simon sein Schäufelchen hinhält, strahlt sie.

Intuitiv wissen Eltern, dass es nicht ausreicht, wenn sie ihrem Kind spiegeln, wie sie sein Verhalten bewerten. Sie üben soziales Verhalten auch aktiv mit ihnen ein. Alex wird kaum von allein auf die Idee kommen, Simon den Bagger zu geben. Deshalb leitet sie ihn an, sein Spielzeug auch mal zu teilen. Wenn sie es ihm sagt, wird Alex es auch tun, denn sie ist ja seine Mama. An ihrer erfreuten Reaktion wird er merken: »Hey, das habe ich gut gemacht!«

Eines aber funktioniert definitiv nicht: Alex in der Theorie zu *erklären*, warum es schön ist, wenn er Simon den Bagger gibt. Denn das Einüben sozialen Verhaltens geschieht immer über das Tun, nicht über rationale Überlegungen. Mit Appellen könnten Eltern selbst ein elfjähriges Kind nicht überzeugen, keine peinlichen Bilder eines Klassenkameraden mehr ins Netz zu stellen.

2017: Luisas Eltern wollen es erst gar nicht glauben: Ihre elfjährige Tochter ist Zeugin einer Prügelei gewesen. Statt einzugreifen oder Hilfe zu holen, hat sie die Szene gefilmt und in ihrer WhatsApp-Gruppe hochgeladen. Luisa hat anfangs noch geleugnet und ihre Eltern haben ihr auch geglaubt, dass jemand anderes die Aufnahmen gemacht habe. Doch die Klassenlehrerin lässt nicht locker. Die Beweise sind eindeutig und schließlich gibt Luisa zu, dass sie selbst den Film ins Netz gestellt hat. Einen ganzen Abend lang besprechen die Eltern mit ihrer Tochter den Vorfall. Sie reden über Gewalt, Hilfsbereitschaft, Menschenwürde und vieles mehr. Luisa sieht alles ein. Das Gespräch mit ihren Eltern nimmt sie als Zuwendung wahr.

Am nächsten Tag sieht Luisa, wie eine Klassenkameradin sich in die Toilette übergibt. Es dauert keine Sekunde, da hat sie schon ihr Smartphone in der Hand. Noch während die Aufnahme läuft, überlegt sie sich

129

einen lustigen Spruch, den sie zusammen mit dem Video verteilen will.

Um ihr Verhalten zu ändern, müsste Luisa Zusammenhänge verstehen, Empathie fühlen und vieles mehr. Dies alles übt sie in ihrem Alter noch ein und das ist dann mit etwa 12 bis 14 Jahren zuverlässig abrufbar. Erst dann können Eltern damit rechnen, dass ihr Kind Erklärungen wirklich versteht. Bei der elfjährigen Luisa helfen daher nur eindeutige Reaktionen, die Eltern müssen ihr klar machen: »So etwas geht gar nicht. Wir dulden es nicht.« Wenn sie weiterhin Mitschüler mobbt, würden die Eltern dann klipp und klar sagen: »Wir sehen, dass du mit dem Handy überfordert bist« und Luisa das Handy wegnehmen.

Noch einmal, weil es so wichtig ist: Kinder lernen nicht, weil ihre Eltern (und andere Bezugspersonen) ihnen etwas *erklären*, sondern weil sie sich an deren emotionalen Reaktionen orientieren und weil mit ihnen soziales Verhalten eingeübt wird.

Den Wert des Übens kann man gar nicht oft genug betonen. Das gilt für das Erlernen von sozialkompatiblem Verhalten genauso wie für das kleine Einmaleins und das Fußballspielen. Erst wenn das Kind die Ballführung zehntausendfach eingeübt hat, bringt es im Spiel seinen Fuß im Sekundenbruchteil genau in die richtige Position, so dass es den Ball trifft und in die gewünschte Richtung schießt. Das schafft es nicht, weil in seinem Gehirn kognitive Prozesse ablaufen (»So, jetzt muss ich meinen rechten Fuß noch ein wenig höher nehmen, um den Ball annehmen zu können«), sondern es passiert dann ganz unbewusst. Erst wenn diese Basis vorhanden ist, macht eine theoretische Herangehensweise Sinn. Zum Beispiel kann dann der Trainer mit seiner Mannschaft auch mal am Whiteboard Spielzüge analysieren und Strategien besprechen.

Die Zeit von Alex' drittem bis sechzehntem Lebensjahr
steht ganz im Zeichen dieses Einübens sozialen Verhaltens.
Mit Luis und Luisa wird das soziale Verhalten allerdings
nicht eingeübt, sie kreisen weiter um sich selbst und steuern
ihre Umgebung – und bleiben auf der Stufe, die einem Entwicklungsalter von 10 bis 16 Monaten entspricht, stehen.

1990/2017: Die einjährige Alexa und der einjährige
Luis *können* sich im Restaurant nicht benehmen, weil
sie noch damit beschäftigt sind, ihre direkte Umgebung zu erkunden. Sie schmeißen das Besteck auf
den Boden, weil sie das Spiel »Mama heb auf!« spielen. Die Servietten landen gleich hinterher. Als ihre
Mutter ihnen sagt, dass sie damit aufhören sollen,
schreien sie verärgert auf. Sie sind noch viel zu klein,
um wahrnehmen zu können, dass sie an einem fremden Ort sind, wo andere Regeln als zu Hause gelten
– geschweige denn, dass es sozial angebracht ist,
keine Gegenstände auf den Boden zu schmeißen.

1990: Die sechsjährige Alexa sitzt im Restaurant ruhig am Tisch, weil sie sich an den Erwachsenen orientiert. Wenn der Vater sich die Serviette
auf den Schoß legt, tut sie das auch. Das hat nichts
mit guter Erziehung zu tun, sondern mit der Tatsache,
dass sie aus sich heraus merkt: Hier bin ich in einer
fremden Umgebung, hier bin ich vorsichtig und halte
mich besonders eng an meine Eltern. Als sie mit dem
Essen fertig ist, holt ihre Mutter den Spielekoffer her-
vor, den sie vorsorglich mitgenommen hat.

2017: Der sechsjährige Luis hampelt im Restaurant
herum und hat bereits in den ersten fünf Minuten ge-

schafft, die Wasserflasche umzustoßen, das Besteck auf den Boden fallen lassen und mit dem Stuhl umzukippen. Seine Eltern versuchen, den Schaden in Grenzen zu halten; sie tupfen an dem Tischtuch herum und heben das Besteck wieder vom Boden auf. Um ihn ruhig zu stellen, gibt der Vater seinem Sohn sein Handy. Die Mutter fragt, was Luis denn essen will, und es dauert Ewigkeiten, bis er sich für den Fischstäbchenteller entschieden hat. Als der Kellner die Bestellungen der Familie schon aufgenommen hat, überlegt er es sich doch noch anders: Er will nun doch Nudeln mit Soße haben. Die Eltern blicken entschuldigend. Als das Essen nach ein paar Minuten immer noch nicht auf dem Tisch steht, fängt Luis an zu maulen. Endlich kommen die Nudeln, doch weil die Soße nicht so ist, wie Luis sich das vorgestellt hat, fängt er lautes Heulen an. Da hilft kein Trösten der Eltern. Eine halbe Stunde später verlässt die Familie nach einem hastigen Abendessen das Restaurant. Alle drei sind schweißdurchtränkt und genervt.

Kinder sind natürlich keine Engel – auch jene nicht, deren Psyche sich normal entwickelt. Nur wenn sie Fehler machen, lernen sie ja etwas. Je älter Alex und Alexa werden, desto genauer wissen sie Bescheid, was in Ordnung ist und was nicht. Aber ob sie auch wirklich danach handeln, ist eine andere Frage.

Alex ist nun 16 Jahre alt. Seit seiner Geburt hat seine Psyche unermüdlich Informationen gesammelt und eingeordnet. Mit großem Erfolg: Alex verfügt nun über kognitive Fähigkeiten (denken, urteilen, sich erinnern usw.) und eine zuverlässig belastbare emotional-soziale Psyche. Dazu gehört zum Beispiel:

- Alex hat die Gefühle anderer Menschen im Blick. Auch seine eigenen Gefühle kann er einordnen. Wenn zum Beispiel starke Ängste in ihm aufkommen, kann er sich von ihnen distanzieren und sie hinterfragen.
- Er passt seine Bedürfnisse und Launen den gesellschaftlich gültigen Normen, Gebräuchen und Ritualen an. Diesen Regeln folgt er nicht aus blindem Gehorsam, sondern weil er sie als Werte verinnerlicht und verstanden hat.
- Er kann mit Frustrationen umgehen und seine Bedürfnisse wenn nötig zurückstellen. Er geht auch dann zur Schule, wenn er müde ist, und konzentriert sich, wenn er eigentlich keine Lust dazu hat.
- Alex kann damit umgehen, wenn andere Menschen eine andere Meinung haben. Er kann Kritik vertragen und Konflikte aushalten und lernt aus beidem.
- Er bedenkt die Folgen seines Handelns und übernimmt die Verantwortung für sein Tun. Er verfügt über eine moralische Instanz und handelt auch anderen Menschen gegenüber verantwortungsbewusst.
- Er hat ein Gefühl für die Realitäten des Lebens und kann notwendige Prioritäten setzen.
- Alex' Psyche ist nun weit genug entwickelt, dass er eigene Ansichten hat und sie auch vertritt.

1990: Alexa hat eine Lehre im Einzelhandel angefangen. Sie ist lernwillig und will ihre Sache gut machen. Auch in der Berufsschule strengt sie sich sehr an. Als sie im Geschäft ihres Ausbildungsbetriebes ihren ersten Kontakt mit einem echten Kunden hat und sie ihn so gut berät, dass er gleich zwei Hosen kauft, ist sie überglücklich und sehr stolz auf sich.

2017: Luisa hat eine Lehre im Einzelhandel angefangen. Dass sie wochenweise in die Berufsschule gehen muss, ist ihr gar nicht so klar gewesen; sie hatte eigentlich gehofft, die Schule endlich hinter sich zu haben. Als sie im Geschäft ihres Ausbildungsbetriebes ihren ersten Kontakt mit einem echten Kunden hat, ist sie ein wenig aufgeregt. Doch dann klingelt mitten im Beratungsgespräch ihr Handy. Ein Blick aufs Display sagt ihr, dass es ihre Schwester ist. Den verdutzten Kunden lässt sie warten: »Sorry. Ich geh da eben mal dran.«

Mit 16 Jahren tritt bei normal entwickelten Jugendlichen das Expansionsbestreben ihrer Psyche in die Phase der Separation. In ihrem Weltbild werden die jungen Menschen nun immer mehr zu Akteuren. Eigene Ziele werden gesteckt, eigene Wege verfolgt und – nicht zuletzt – eigene Vorstellungen von Sexualität entwickelt. Zunehmend lösen sie sich aus der Fremdbestimmung durch Eltern und Lehrer. Natürlich werden sie sich ein Leben lang auch an anderen Menschen orientieren (»Ich will einmal eine Familie haben so wie meine Eltern«, »So wie mein Chef will ich nie werden«), doch im Vordergrund stehen nun die eigenen Erfahrungen und Vorstellungen.

Alex und Alexa werden sich natürlich auch noch nach ihrem 16. Lebensjahr weiterentwickeln. Einige Sprünge warten noch auf sie. Wenn sie zum Beispiel zum ersten Mal eine Arbeitsstelle antreten, ist das etwas ganz anderes als das Jobben in den Schulferien. Sie müssen nun dauerhaft mit Kollegen und Vorgesetzen auskommen. Auch die Erfahrung, dass sie im Unternehmen etwas bewirken können, ist prägend. Ein weiterer Riesensprung – besonders für das eigene Weltbild – ist es, eine eigene Familie zu gründen. Immer aber fußen diese Erfahrungen auf der Basis ihrer emotional-sozialen Psyche, die Alex und Alexa bis zu ihrem 16. Lebensjahr erworben haben.

Bis zum Beginn der Neunzigerjahre durften (fast) alle Kinder die Entwicklungen durchlaufen, die auch Alex und Alexa hinter sich brachten. Sie waren – wie bereits erwähnt – mit drei Jahren kindergartenreif, mit sechs Jahren schulreif, mit 16 Jahren ausbildungsreif. Diese Entwicklung kann heute nicht mehr vorausgesetzt werden. Viele Kinder sind verhaltensauffällig, sprich: Sie orientieren sich nicht an Erwachsenen, mobben Klassenkameraden, können keine Frustrationen ertragen usw.

Wenn ich in meiner Praxis ein verhaltensauffälliges Kind vor mir habe, kann ich seine Psyche nicht messen, nicht sehen. Es gibt keinen Test, aus dem man den psychischen Entwicklungsstand eines Kindes direkt ableiten könnte. Das Kind zum Beispiel einen Menschen malen zu lassen, würde nicht greifen. Ein nicht entwickelter Zwölfjähriger würde seinem Alter gemäß einen Menschen mit Kopf, Körper, Armen und Beinen malen, auch wenn der Entwicklungsstand seiner Psyche einem Alter entspricht, in dem Kinder noch »Kopffüßer« malen. Die einzige Möglichkeit, Erkenntnisse über seine Psyche zu bekommen, besteht darin, sein Verhalten zu beobachten und so zu erfassen, wie er seine Welt wahrnimmt und wie er seinen Platz in ihr sieht. Denn das Weltbild eines Menschen zeigt sehr genau den Entwicklungsstand seiner Psyche an. Fachlich ausgedrückt: Ich ordne das auffällige Verhalten nach analytischen, tiefenpsychologischen Konzepten dem realen Entwicklungsalter der Psyche zu.

Anders die Eltern: Die genauen Ursachen dafür, dass manche Erwachsene in die Symbiose hineinrutschen, sind Thema des nächsten Kapitels. So viel möchte ich aber an dieser Stelle schon sagen: Weil diese Eltern in ihrer Beziehung zum Kind ins falsche Denksystem gewechselt sind, haben sie die Verbindung zu ihrer emotional-sozialen Psyche und damit dem Kind gegenüber ihre Intuition verloren (im Umgang mit allen anderen Menschen verfügen sie noch über ihre Intuition, und auch zum Beispiel beim Autofahren können sie sich weiterhin auf sie verlassen). Daher wissen diese Eltern nicht mehr, wie sie ein Verhalten ihres Kindes einordnen sollen und welche Reaktion passend wäre.

1990: Die kleine Alexa ist auf dem Spielplatz hingefallen. Die Fünfjährige macht ein ziemliches Geschrei, doch ihr Vater merkt sofort, dass da nicht viel hintersteckt. Er liest weiter in seinem Buch. Weil sie weiterschreit, legt er schließlich doch das Buch zur Seite und schaut sich Alexas Knie an. »Hör mal, Alexa«, sagt er ein wenig verärgert. »Ich weiß gar nicht, warum du so ein Theater machst.« Das Mädchen schluchzt der Vollständigkeit halber noch ein paar Mal und rennt dann zur Rutsche.
Alexa wird den Sommer über noch einige Male wehleidig sein. Doch weil sie merkt, dass ihre Eltern ärgerlich reagieren, lässt sie es irgendwann bleiben.

2017: Der kleine Luis ist hingefallen. Der Fünfjährige macht ein ziemliches Geschrei, sein Vater stürzt sofort auf ihn zu und untersucht besorgt das Knie seines Sohnes. Geschlagene zehn Minuten hält er ihn im Arm und tröstet den hysterisch schluchzenden Jungen, der sich gar nicht beruhigen kann. Der Vater denkt sich: »Kein Wunder, dass mein Sohn so heult. Ihm steckt noch in den Knochen, dass er letzte Woche vom Fahrrad gefallen ist. Das hat ihn trauma-

tisiert.« Weil er es nicht aushalten könnte, wenn Luis noch einmal hinfällt, stellt er sich nun neben die Rutsche und passt auf, dass nicht ein weiteres Unglück passiert. Später setzt er sich mit in den Sandkasten und bedient seinen Sohn. Luis ist zwar hochzufrieden, dass nun wunderbare Burgen entstehen, aber eigene Erfahrungen kann er so nicht machen.

Weil Luis' Vater in der Zeit um 1990 groß geworden ist, ist seine Persönlichkeit völlig entwickelt. *Seine Intuition ist also vorhanden, er kann sie nur nicht mehr abrufen.* Die Symbiose macht es unmöglich. Weil er nicht intuitiv mit seinem Sohn umgehen kann, ist das Zusammensein mit ihm wahnsinnig anstrengend. Der Vater dreht extrem hoch, weil er dank seiner Symbiose ständig seinem Sohn hinterherläuft, -denkt und -fühlt. Gleichzeitig geht er, weil er im Körper-Wahrnehmungssystem ist, seine Beziehung zu Luis rational an. Er sucht unentwegt nach Erklärungen für das Verhalten seines Sohnes. Weil er nicht intuitiv spüren kann, was Luis von ihm braucht, stehen im Regal bei ihm zu Hause ein gutes Dutzend Erziehungsratgeber. Doch ob sich ein hingefallenes Kind anstellt oder nicht, erschließt sich nicht über den Kopf, und wie man mit Kindern umgeht, kann man nicht aus Büchern lernen.

200 Jahre lang durften Kinder in der westlichen Welt eine Kindheit erleben. Kriege, Hungersnöte und autoritäre Erziehungsmethoden haben daran nichts Wesentliches geändert. Mal mussten Kinder ihre Psyche unter repressiven Umständen entwickeln, mal waren es geradezu paradiesische Verhältnisse, in denen sie groß werden durften. Immer aber waren ihre Entwicklungsschritte dieselben: Nach den ersten Monaten, in denen der Säugling von den Eltern »bedient« werden muss, kommt die Phase, in der

das Kind mehr als nur Fürsorge braucht. Damit es seine emotional-soziale Psyche ausbilden kann, braucht es einen sicheren Raum, in dem es vor Verantwortung, die über sein Alter hinausgeht, geschützt ist und auch keine Entscheidungen treffen muss, für die es noch nicht bereit ist. Dass es für Luis und Luisa in puncto Unbeschwertheit, Freiheit und Fürsorge nicht gut aussieht, habe ich im 2. Kapitel gezeigt. Ihre Eltern behandeln sie wie kleine Erwachsene. Gleichzeitig stehen sie ihnen nicht als Gegenüber zur Verfügung und sorgen so unwillentlich dafür, dass ihre Kinder psychisch gesehen Kleinkinder bleiben. Dazu kommt, dass auch in Kindergarten und Schule die Kinder wie kleine Erwachsene behandelt werden.

Unglaublich, welchen sie schier zerreißenden Kräften Luis und Luisa ausgesetzt sind! Der siebenjährigen Luisa mit der Psyche eines 10 bis 16 Monate alten Kleinkindes wird die Verantwortung dafür übertragen, dass auf dem Pausenhof kein Chaos herrscht. Zur Unterstützung hat sie von den Erwachsenen eine gelbe Kappe bekommen. Und der 11-jährige Luis, ebenfalls mit der Psyche eines 10 bis 16 Monate alten Kleinkindes, soll entscheiden, bei welchem Elternteil er nach deren Scheidung leben will.

Eltern in Symbiose sind davon überzeugt, dass sie alles richtig machen. Sie geben sich unglaubliche Mühe, ihren Kindern eine schöne Kindheit zu bieten und ihnen alles zur Verfügung zu stellen, was sie für ihre Entwicklung brauchen. Dabei erzielen sie genau den gegenteiligen Effekt: Luis und Luisa bleiben auf der Kleinkindentwicklungsstufe hängen, sind mürrisch, freudlos und beziehungsunfähig.

Was ist das für eine unglaubliche Macht, die so stark an den Erwachsenen zerrt, dass sie das Offensichtliche nicht mehr sehen können?

Eltern brauchen für ihre Kinder viel Zeit, viel Ruhe und viel Geduld. Nur so können sie ihnen gelassen begegnen, Entscheidungen für sie treffen und Verantwortung für sie übernehmen. Erwachsene, die in sich ruhen und nicht dauergestresst sind, leiten ihre Kinder intuitiv an, begleiten sie und üben vieles mit ihnen ein. Damit ermöglichen sie ihnen nicht nur die Entwicklung zu eigenständigen, »sturmfesten« und beziehungsfähigen Erwachsenen, sondern auch eine unbeschwerte Kindheit. Doch die Realität sieht leider oft ganz anders aus.

2017: Luisas Mutter fühlt sich schon beim Aufwachen bleischwer. Sie würde gerne noch eine kurze Zeit liegen bleiben, doch sie weiß ganz genau, dass diese kurze Besinnungspause sich bitter rächen würde. Denn ihr Morgen ist auf die Minute getaktet: die zweieinhalbjährige Luisa wecken und sie noch im Halbschlaf in ihre Anziehsachen stecken, in die Küche eilen und dann das Frühstück für ihre Tochter zubereiten. Wenn Luisa bei diesem Morgen-Galopp nicht mitmacht, reagiert die Mutter genervt und verärgert. Dann hopp-hopp in die Kita, Jacke aus, Schuhe aus, Hausschuhe an, Abschiedskuss … endlich verschwindet das Kind hinter der Tür zum großen Gruppenraum.

Was für eine Hektik! Schlendern, Muße, innere Einkehr … das sind alles Fremdworte für Luisas Mutter. Das fällt ihr gar nicht auf, so normal ist es für sie geworden, schon zu Beginn des Tages im Laufschritt unterwegs zu sein. Könnte sie einen Zeitsprung zurück in das Jahr 1990 machen, **139** würde sie verwundert feststellen, dass der Alltag 1990 für Eltern und Kinder spürbar überschaubarer und ruhiger war. Das Lebensgefühl war ein völlig anderes.

Es gab Pausen und viel Zeit für das Miteinander. Das gemeinsame Spielen von Mensch-ärgere-dich-nicht, Halma und ähnlichen Brettspielen waren Highlights im Tagesablauf. Es war auch selbstverständlich, dass am Abend die Schulsachen gepackt und die Anziehsachen herausgelegt waren. Solche festen Rituale gaben Alex und Alexa Sicherheit. Ihre Eltern ruhten in sich und verfügten über ihre Intuition. Kümmerten sie sich um ihre Kinder, waren sie nicht abgelenkt. In diesem Umfeld konnten Alex und Alexa in Ruhe aufwachsen und sich entwickeln.

> **1990:** Alexas Vater bleibt gerne morgens noch fünf Minuten liegen, um richtig wach zu werden. Er weckt die zweieinhalbjährige Alexa, gemeinsam kuscheln sie ein wenig, dann hilft der Vater seiner Tochter beim Anziehen. Am Frühstückstisch achtet der Vater darauf, dass Alexa mit dem Löffel isst, ohne allzu viel zu kleckern. Beide freuen sich über ihre guten Fortschritte. Um acht Uhr macht der Kindergarten auf, Alexa umarmt ihren Vater noch einmal, bevor sie mit der Erzieherin in die Eichhörnchengruppe geht.

Es geht mir keinesfalls um einen nostalgischen Blick auf den Stand von 1990. Indem ich den Alltag von Luisas Mutter und Alex' Vater gegenüberstelle, will ich bewusst machen, dass der Alltag heute von einer unglaublichen Unruhe bestimmt ist. Alexas Vater von 1990 macht einen fast schon langsamen und behäbigen Eindruck. Es scheint so, als wäre er in Slow Motion unterwegs. Doch es ist genau andersherum: Tatsächlich hastet Luisas Mutter im Jahr

2017 hochgedreht und wie in einem Witzfilmchen im Schnelldurchlauf durchs Leben.

Zwischen 1990 und 2017 liegen nicht nur 27 Jahre, sondern ganze Welten. Dass sich das Leben um 1990 völlig anders anfühlte und eine ganz andere Lebensqualität möglich war, haben die älteren Erwachsenen vergessen und die jüngeren nie kennengelernt. Die enorme Unruhe und das ständige Abgelenktsein von heute werden nicht mehr wahrgenommen, denn das alles ist völlig normal geworden. Man kann es sich gar nicht mehr anders vorstellen. Und Luis und Luisa? Was bedeutet es für sie, wenn ihre Eltern ein Leben im Schleudergang führen?

2017:

- Noch bevor Luis' Eltern frühmorgens einen Fuß auf den Boden setzen, ist der Druck schon da: Wie eine Bleidecke lasten die Anforderungen auf ihnen. Den Tag über hangeln sie sich von einer Aufgabe zur nächsten. Sie sind ständig in Eile und gereizt.
  Für Luis bedeutet das: Er lebt in einer permanent unruhigen Umgebung. Schon wenn er geweckt wird, sind seine Eltern angespannt. Es muss alles schnell, schnell gehen. Trödelt er verschlafen, wird er sofort angeraunzt. Manchmal bekommt Luis um 18 Uhr Abendessen, manchmal erst um 20.30 Uhr. Feste Rituale gibt es nicht.

- Der Tag von Luis' Eltern ist nicht klar strukturiert, aber dennoch voller Termine. Ständig werden sie durch ungeplante Querschüsse aus dem, was sie gerade tun, herausgerissen; Störenfried Nummer 1 ist das Smartphone. Um das Tempo zu halten, versuchen sich die Erwachsenen in Multitasking.

- **2017:** 44 Prozent der Autofahrer geben zu, dass sie »häufig« oder »manchmal« während der Fahrt mit dem Handy am Ohr telefonieren. 31 Prozent schreiben SMS oder WhatsApp, 51 Prozent lesen sie. 17 Prozent surfen am Steuer im Internet, 8 Prozent schauen Videos. (Die repräsentative Umfrage unter knapp 779 deutschen Autofahrern ab 18 Jahren wurde von Bitcom Research im Auftrag des Digitalverbandes Bitcom durchgeführt.)

  Für Luis bedeutet das: Seine Eltern konzentrieren sich nicht auf eine Sache, noch nicht einmal auf Luis. Selbst wenn sie mit ihrem Sohn reden, reißt ein Handyanruf sie umgehend aus dem Gespräch.

- Gemeinsame Mahlzeiten haben Seltenheitswert. Jeder bedient sich, wenn er Hunger hat. Gegessen wird meistens auf dem Sofa vor dem Fernseher. Sitzt die Familie miteinander am Esstisch, daddeln alle während des Essens auf ihren Handys herum. In einer britischen Studie[14] sind folgende Zahlen zu lesen: Auf die Frage »Kommt es vor, dass Sie und andere Familienmitglieder gleichzeitig Handys und Smartphones benutzen?« antworteten 49 Prozent: »Ja, manchmal«, und 12 Prozent der Eltern sagten sogar: »Ja, das kommt oft vor.«

  Für Luis bedeutet das: Er lernt Kommunikation vorzugsweise in digitaler Form kennen.

- Jede noch so kleine Pause nutzen die Eltern dazu, per Smartphone oder Computer ins Internet zu gehen. Tag und Nacht sind sie erreichbar, für Kollegen, Freunde und für neueste Nachrichten – für Luis haben sie deswegen wenig Aufmerksamkeit übrig.

  Für Luis bedeutet das: Ist er unruhig, bekommt er eines der Smartphones seiner Eltern in die Hand gedrückt, damit er nicht mehr nervt.

- Weil es eine Riesenauswahl an Freizeitmöglichkeiten gibt, sind Luis' Eltern auch in der Freizeit dauerbeschäftigt und produktiv. Dass ein Mensch auch Ruhe und Muße braucht, und wie man sie bekommt, haben sie vergessen.
  Für Luis bedeutet das: Selbst am Wochenende kehrt keine Ruhe in die Familie ein. Luis wird zu allen möglichen Aktivitäten mitgeschleift, auch wenn sie nur für Erwachsene geeignet sind. Langweilt er sich trotz Dauer-Animation, geht die Stimmung in den Keller.

Luis' Eltern sind wie getrieben und widmen sich nur noch selten ausschließlich ihrem Kind. Das Statistische Bundesamt kommt allerdings zum Schluss, dass Eltern heute mehr Zeit mit ihren Kindern verbringen als noch vor zehn Jahren. (Mütter: 1 Stunde 45 Minuten, Väter: 51 Minuten pro Tag. Die Zahlen stammen aus dem Jahr 2012/13, veröffentlicht wurden sie am 10. Mai 2016 auf ZEIT online.) Wie passt das zusammen? Fast ein Viertel dieser »gemeinsamen Zeit« sitzen die Kinder heute im Auto, während die Eltern sie zu den verschiedenen Terminen fahren; auch die Zeit, in der die Eltern beim Sport zusehen, bevor sie sie wieder zurück nach Hause transportieren, gehört in diese Kategorie. Richtige »*quality time*« ist das nicht. Eine Statistik, die abfragt, wie viel Zeit Eltern und Kinder *miteinander* und ohne Ablenkungen durchs Handy verbringen, wäre interessant. Zu solchen kostbaren Stunden würden zum Beispiel das gemeinsame Brettspiel und das regelmäßige Vorlesen abends vor dem Schlafengehen zählen. Doch in dieser Hinsicht sieht es nicht so gut aus: Nur einem knappen Drittel aller Kinder wird täglich vorgelesen.[15]

2017: Die Terminvergabe in meiner Praxis ist seit etwa 2005 zu einem Problem geworden. Das hat gleich zwei Gründe. Zum einen passierte es immer **143**

wieder, dass die Familien nicht zum vereinbarten Termin erschienen. Wenn wir nachhakten, warum die Eltern den Termin nicht rechtzeitig abgesagt hatten, hieß es oft: »Oje! Das haben wir völlig vergessen!« Jedem ist es schon passiert, das er mal eine Verabredung verschwitzt hat. Dass dies aber derart gehäuft auftritt, kann nur eines heißen: Vielen Erwachsenen wächst der Alltag über den Kopf. Damit der Praxisbetrieb überhaupt noch laufen kann, muss nun eine der Arzthelferinnen einige Tage vor dem Termin telefonisch von den Eltern bestätigen lassen, dass sie auch wirklich kommen werden.

Der zweite Grund: Es ist schon schwierig, überhaupt einen Termin zu finden, an dem die Eltern mit ihrem Kind zu mir in die Praxis kommen können. Sie haben keine Zeit, sind immer »busy« und auf viele Wochen, manchmal sogar Monate ausgebucht.

Eltern nehmen sich immer weniger Zeit für ihre Kinder. Denn in das Leben von Luis' und Luisas Eltern hat sich ein gefährlicher Zeit- und Aufmerksamkeitsfresser eingenistet, der Stunden über Stunden beansprucht, die sie früher mit ihren Kindern verbracht haben.

Der Haupttreiber dafür, dass das Leben heute so unruhig geworden ist, ist die Durchdringung des Alltags mit digitalen Medien. Kinder konkurrieren mit Smartphone und Laptop um die Zuwendung ihrer Eltern – und Kinder ziehen dabei regelmäßig den Kürzeren. Ich weiß, man kann schon nicht mehr hören, dass die Digitalisierung »an allem« Schuld sei. Dieses Thema ist tatsächlich schon ziemlich durchgenudelt, und trotzdem ... es ist nun mal so, dass uns die digitale Revolution überrollt hat. Am Beispiel der Smartphones, deren Nutzungshäufigkeit mittlerweile die aller anderen digitalen Geräte überholt hat, will ich ein paar Zahlen nennen.

Mit dem Nokia Communicator kam 1996 das erste internetfähige Handy auf den Markt. Damals sensationell: Es konnte Mails, Faxe und SMS senden und empfangen. Doch das 400 Gramm schwere und 2.700 DM teure Gerät spielte nur im Beruf eine Rolle. Erst gute zehn Jahre später, 2007, katapultierten sich die ersten Apple iPhones ins Privatleben. Gar nicht so lange her, nicht wahr? 2010 nutzten in Deutschland bereits 36 Prozent der Erwachsenen ein Smartphone, 2016 waren es 81 Prozent. (Diese und die folgenden Zahlen stammen, wenn nicht anders vermerkt, der repräsentativen Trendstudie »Mediennutzung und Kommunikation in Deutschland 2016« des Bundesverbandes Digitale Wirtschaft (BVDW) e.V. Mehr als 2.000 Bundesbürger, die über einen Internetanschluss verfügen und zwischen 18 und 65 Jahre alt waren, wurden im April 2016 befragt.)

Einerseits sind der technische Fortschritt und die damit einhergehenden gesellschaftlichen Veränderungen ein Segen für uns. Doch auf der anderen Seite haben zweifellos viele Menschen noch nicht gelernt, die digitalen Geräte in einem buchstäblich gesunden Maße zu nutzen. Es gibt keine Minute mehr, in der das Gerät nicht am Körper getragen wird oder griffbereit auf dem Nachttisch liegt. Ob Sonnenaufgang am Himalayamassiv oder Sonnenuntergang in Santiago de Compostela – Menschen genießen nicht den Moment, sondern schauen sich lieber zeitgleich die Bilder auf ihren Smartphones an. Der Ruf danach, dass verstärkt Medienkompetenzen erlernt werden müssen, liegt nahe. Doch merkwürdigerweise sind damit fast ausschließlich Kinder und Jugendliche gemeint. Dabei sind es die *Erwachsenen*, die den Kindern ein denkbar schlechtes Vorbild liefern und es ihnen durch ihre Gleichgültigkeit überhaupt erst ermöglichen, dass sie sich über Stunden im Netz verlieren.

Ein Leben ohne Smartphone können sich nur noch 38 Prozent der Erwachsenen vorstellen. Das muss man sich einmal vorstellen! 42 Prozent nehmen ihr Smartphone mit **145** ins Bett, und 33 Prozent greifen morgens als allererstes nach ihrem Smartphone, noch *vor* dem Aufstehen. Noch einmal zur Klarstellung: Ich rede hier von den *Erwachsenen*, nicht von Kindern und Jugendlichen. Deren Medienkonsum ist auch enorm, aber definitiv ein sekundäres Problem. Wären die Erwachsenen nicht so abgelenkt damit, auf ihre Smartphones und Laptops zu starren, gäbe es keinen übermäßigen Medienkonsum der Kinder.

Wie viel Zeit verwenden nun die Erwachsenen mit ihren digitalen Geräten? Die britische Studie »Smartphone Habits« von 2014[16] kommt auf durchschnittlich 221 »Tasks« pro Tag. Das kann das Schreiben einer WhatsApp sein, Shoppen, Spielen, Nachschauen, wie draußen das Wetter ist, was Justin Bieber macht, wo auf der Welt es Unruhen gibt, usw. Und das ist nur das Smartphone. 140 Tasks über Laptop und Desktop kommen noch dazu. Weitere digitale Gadgets hat die Studie erst gar nicht berücksichtigt, zum Beispiel die unsäglichen Armbänder, die Schritte, Kalorien, Puls usw. überwachen.

In den USA wurde bei 94 Versuchspersonen fünf Tage lang rund um die Uhr erfasst, wie oft sie ihr Smartphone berühren.[17] Jedes Entsperren, jeder Buchstabe, jedes Wischen wurde gezählt. Das Ergebnis war: durchschnittlich berührten die Nutzer ihr Smartphone 2.617 Mal pro Tag. Die »*heavy user*« kamen sogar auf bis zu 5.427 Berührungen. Die aufgewendete Zeit betrug im Durchschnitt 145 Minuten am Tag, also fast zweieinhalb Stunden. Dabei konnten nur die Berührungen bei entsperrtem Smartphone aufgenommen werden. Vieles lässt sich aber auch bei gesperrter Tastatur erledigen. Auf die Uhr schauen, einen Musiktitel auf der Playlist skippen ...

Die Zahlen scheinen unglaublich. Wer mag, schaut selbst einmal nach, wie oft am Tag er sein Smartphone nutzt. Da gibt es zum Beispiel die App namens »Checky«, die mitzählt, wie oft das Gerät an einem Tag entsperrt wird. Vielleicht wird das ein heilsamer Schreck?

Und Luis und Luisa? Wie finden die das, wenn ihre Eltern ständig auf ihr Smartphone starren? Der Antiviren-programm-Hersteller AVG befragte im Juni 2015 Eltern aus neun Ländern und ihre 8- bis 13-jährigen Kinder zu ihrem Smartphone-Verhalten.[18] 54 Prozent der Kinder meinten, dass ihre Eltern zu oft auf ihr Smartphone schauen, 36 Prozent beschwerten sich, dass sich ihre Eltern auch dann ums Handy kümmerten, wenn sie gerade mit ihnen im Gespräch waren. 32 Prozent fühlten sich zurückgesetzt, wenn sich die Eltern mit ihren Handys beschäftigten.

Das Verrückte daran ist: Die Eltern sind eigentlich ganz einsichtig. 52 Prozent gaben zu, dass sie zu oft online sind, und 28 Prozent sind sich im Klaren darüber, dass sie ihren Kindern ein schlechtes Beispiel geben. Und trotzdem – an ihrem exzessiven Konsum digitaler Medien ändern sie nichts. Das Smartphone hat sie gekapert.

Der Grund dafür, dass die Erwachsenen nicht aus ihrem Tun herausfinden, liegt in der Arbeitsweise der menschlichen Psyche begründet. Auch dann, wenn sie sich vollständig entwickeln konnte, hat sie eine Eigenart: Sie kann nicht beurteilen, was ihr gut tut und was nicht. Das ist der Grund dafür, warum ein Mensch überhaupt in einen Burnout rutschen kann. Könnte sich die Psyche sozusagen aus der Vogelperspektive betrachten, würde sie sofort feststellen: »So, wie ich gerade lebe, ist das sehr ungesund. Ich muss dringend meinen Lebensstil ändern.« Doch diese Distanzierung gelingt nicht. Selbst wenn sie bis zum Geht-nicht-mehr überfordert ist, blendet die Psyche das aus.

Ein Hintertürchen für die überforderte Psyche gibt es aber: Sie kann sich Erleichterung in Form der Kompensation suchen. Das bedeutet, dass sie den auf ihr lastenden Druck auf etwas anderes ablenkt. Die Kompensation kann in einem zeitintensiven Hobby bestehen, in das jemand abtaucht; auch unmäßige Esslust und Kaufsucht können für dringend benötigte »unbeschwerte« Momente sorgen – die Quittung in Form von Übergewicht und leerem Portemonnaie kommt ja erst später. Manchmal entwickeln Menschen unter Druck auch eine wahre Affenliebe zu Haustieren, die sie mit positiven Emotionen versorgt.

Die Top-Kompensation von überlasteten Eltern sind jedoch die Kinder. Luis und Luisa bieten sich geradezu als »Abnehmer« an, wenn Erwachsene das, was sie selbst nicht mehr bewältigen können, loswerden müssen. Das tun die Eltern natürlich unbewusst und in gutem Glauben, das Beste für ihr Kind zu wollen. Je nach Beanspruchungsgrad der Eltern durch die digitalen Medien ergeben sich vier verschiedene Ausprägungen einer Beziehungsstörung.

Während 1995 allein die Kompensationsform der Partnerschaftlichkeit auftrat, erschienen mit zunehmender Beanspruchung der Eltern immer gravierendere Ausprägungen. Ab etwa dem Jahr 2000 tauchte die Projektion gehäuft auf und ab 2003 musste ich feststellen, dass immer mehr Eltern in die Symbiose rutschten. Dass ich mich in diesem Buch bisher meist auf die letztgenannte Form der Kompensation bezogen habe, hat einen guten Grund: Die Symbiose ist mittlerweile die bei weitem häufigste Beziehungsstörung, die ich beobachte.

Heute können bei mir im Wartezimmer theoretisch vier Familien nebeneinander sitzen, jede mit einer anderen der folgenden vier Ausprägungen:

- Partnerschaftlichkeit
- Projektion
- Symbiose
- Symbiose im Katastrophenmodus

Welche Form der Beziehungsstörung in der Familie auftritt, kommt ganz auf den individuellem Beanspruchungsgrad der jeweiligen Eltern an.

Im Folgenden gebe ich einen Überblick über die verschiedenen Formen der Kompensation, die ich seit etwa 1995 in den Beziehungen zwischen Eltern und Kindern beobachte.

- **Ab 1995:**
  Ruhelos im digitalisierten Alltag
- Ab 2000:
  Orientierungslos im Internet
- Ab 2003:
  Visionslos in die Symbiose hinein
- Ab 2008:
  Im ständigen Katastrophenmodus

Natürlich wurden auch schon vor 1995 Handys benutzt und Mails geschrieben – allerdings geschah das fast ausschließlich im beruflichen Umfeld. Ab etwa 1995 schwappte die digitale Kommunikation auch ins Privatleben. Ein schneller und unkomplizierter Informationsaustausch, spontane Verabredungen ... wunderbare Möglichkeiten eröffneten sich! Gleichzeitig kam aber auch eine große Unruhe ins Leben. Die Netto-Zeit, in der Handy, SMS und Mailkonto tatsächlich benutzt wurden, machte gar nicht mal so viel aus. Ausschlaggebend war, dass es nun zu jeder Tages- und Nachtzeit klingeln oder piepen konnte und man nie wusste, ob eine »wichtige« Nachricht im Postfach angekommen war. Verabredungen wurden unverbindlicher, von jedem wurde mehr Flexibilität eingefordert. Ruhe und Gelassenheit waren dahin.

Die Erwachsenen gewöhnten sich daran, immer auf dem Sprung zu sein. In dieser Situation sorgt die Psyche von Eltern für die folgende unbewusste Kompensation: Sie macht Kinder zu Partnern. Das hat den »Vorteil«, dass Mama und Papa nun von der zeitaufwändigen Aufgabe befreit sind, **149** dauernd den Kindern beizustehen und ihnen Orientierung zu bieten. Ohne sich im Klaren darüber zu sein, dass sie nun ihre Kinder nicht mehr als Kinder, sondern als kleine Erwachsene sehen, erwarten sie von Luis und Luisa, dass sie sich eigenverantwortlich und wie selbstständig das Nötige aneignen. Genau in dem Moment, in dem die Eltern die Bedürftigkeit ihrer Kinder nicht mehr wahrnehmen, wird in einer Familie unbewusst die Kindheit abgeschafft.

1990: Die vierjährige Alexa sitzt daheim auf der untersten Treppenstufe und müht sich mit den Schnürsenkeln ihrer Schuhe ab. Die blöde Schleife will einfach nicht halten! Ihre Mutter setzt sich geduldig neben sie. Zum hundertsten Mal üben sie gemeinsam das Zubinden der Schuhe. Endlich hält die Schleife, sie ist zwar ganz schön locker und wird bestimmt bald wieder aufgehen, aber Alexas Mama weiß, dass ihre Tochter jetzt auch mal ein Erfolgserlebnis braucht. Sie lobt die strahlende Alexa.

2017: Der vierjährige Luis steht daheim im Flur und müht sich mit dem Reißverschluss seiner Jacke ab. Der blöde Schieber hakt dauernd! Seine Mutter ist längst fertig und hat die Einkaufstasche schon in der Hand. »Trödel doch nicht so!«, herrscht sie ihren Sohn genervt an. »Jetzt komm endlich!« Doch Luis kommt mit dem Reißverschluss einfach nicht zurecht. Seine Mutter glaubt, dass er sie nur ärgern will und reißt ihn ruppig zu sich her. Dann kniet sie sich seufzend hin und macht ihm die Jacke zu. Als sie endlich die Wohnung verlassen können, haben beide schlechte Laune.

Als Partner auf Augenhöhe der Eltern sind Kinder völlig überfordert. Und wenn ihnen noch so viel *erklärt* wird – die Erwartungen ihrer Eltern können sie nicht erfüllen. Die Kompensation funktioniert also nur teilweise: Die Eltern haben zwar mehr Zeit für digitale Anwendungen, aber das Familienleben ist von Reibereien bestimmt. Das bedeutet für alle nur noch mehr Unruhe.

Auch auf die Entwicklung der Kinder hat die Partnerschaftlichkeit Auswirkungen. Alle Kinder durchlaufen mit vier bis fünf Jahren die ödipale Phase. In dieser Zeit phantasieren sie sich zum Partner des gegengeschlechtlichen Elternteils. Situationsabhängig fühlen sie sich omnipotent oder auch so ängstlich, so dass sie Herausforderungen meiden. Das ist völlig normal. Wenn jedoch die Eltern diese Phase befeuern, indem sie das Kind tatsächlich wie einen Partner behandeln, werden Luis und Luisa die Gefühle mit ins Erwachsenenleben nehmen. Ihr Weltbild bleibt das eines vier- bis fünfjährigen Kindes. Über dieses Entwicklungsstadium ihrer Psyche kommen Luis und Luisa nicht hinaus.

Die Folgen für Luis und Luisa: Sie fühlen sich aufgewertet und mächtig, sind aber auch als »Partner« der Eltern überfordert. Als Jugendliche und Erwachsene werden sie gegensätzliche Verhaltensweisen entwickeln. Sie können ein übertrieben ehrgeiziges Arbeiten an den Tag legen, so dass sie im Extremfall bereits als Studenten einen Burnout erleiden können. Andererseits kann es sein, dass sie sich klein und ungenügend fühlen, Herausforderungen meiden (»Was von mir erwartet wird, schaffe ich ja sowieso nicht«), und unter Prüfungsangst leiden. Auch in Beziehungen nehmen sie extreme Positionen ein: Entweder sie dominieren andere, oder sie lassen sich dominieren und fühlen sich schnell gemobbt. Das Schwarz-Weiß findet sich auch in ihrem Umgang mit Konflikten. Luis und Luisa sehen keine realistischen Eigenanteile: Fehler machen immer die anderen – oder sie suchen sie nur bei sich.

- Ab 1995:
  Ruhelos im digitalisierten Alltag
- **Ab 2000:**
  Orientierungslos im Internet
- Ab 2003:
  Visionslos in die Symbiose hinein
- Ab 2008:
  Im ständigen Katastrophenmodus

Um die Jahrtausendwende wurde das Internet fester Bestandteil des Familienlebens. Ab 1999 fragte Boris Becker: »Hah? Bin ich da schon drin oder was?«

Hatten die Menschen zuvor »nur« miteinander telefoniert, gemailt und gesimst, sind sie nun mit der gesamten Welt verbunden und haben in nie zuvor gekanntem Ausmaß Zugriff auf Informationen. Doch einen Haken hat auch diese Sache: Wir Menschen sind es gewohnt, in Räumen zu denken. Unser Gehirn orientiert sich an Begrenzungen und festen Bezugspunkten: rechts/links, oben/unten, aber auch richtig/falsch. Im Internet gibt es jedoch keinen Anfang und kein Ende. Zu jedem Problem gibt es tausend Meinungen und Ratschläge. Wir suchen im Internet nach Antworten, aber Orientierung ist das Letzte, was wir dort finden.

Menschen müssen erst einüben, mit dieser Grenzenlosigkeit umzugehen.

- Das betrifft die Inhalte des Internets – aktuelles Beispiel sind die gezielt verbreiteten Fake News.
- Die Nutzer müssen aber auch lernen, bewusst zu entscheiden, wie viel Lebenszeit sie in dieses Medium stecken wollen.

In beiden Fällen herrscht eine große Unsicherheit. Mittlerweile bildet sich ein Bewusstsein dafür, wie wichtig es ist, cleverer und verantwortungsvoller mit dem Internet umzugehen – es zu beherrschen, statt sich von ihm beherrschen zu lassen. Diejenigen jedoch, die immer noch ungebremst in der virtuellen Welt des Internets unterwegs sind, haben ein Problem.

Wieder dient das Kind zur unbewussten Kompensation. Nur liegt die Beziehungsstörung nicht mehr wie in der Partnerschaftlichkeit darin, dass Kinder sich auf Augenhöhe mit den Erwachsenen wiederfinden. Die Psyche von Eltern, die ihre Orientierung verloren haben, geht notgedrungen noch weiter: Dem Kind wird auch noch aufgebürdet, die Eltern zu orientieren. Es kommt zur Machtumkehr.

In der Psychologie ist so eine Beziehungsstörung als **Projektion** bekannt. Nicht mehr die Eltern sind für die Kinder da, sondern die Kinder für die Eltern. Projektion ist der Grund dafür, warum man überall miterleben kann, dass Kinder nicht mehr nur in Entscheidungen mit einbezogen werden (»Welche Marmelade willst du haben?«), sie sollen nun auch *für die Eltern* entscheiden.

2017: Luis' Vater will sich neue Schuhe kaufen, er wird auf der Hochzeit seines besten Freundes der Trauzeuge sein. Er nimmt seinen achtjährigen Sohn mit zum Herrenausstatter. Wie ein kleiner König thront Luis in einem Ledersessel und sein Vater führt ihm die zur Auswahl stehenden Schuhe vor. Luis merkt kaum einen Unterschied, schließlich sind alle Schuhe schwarz. Ob sie nun vorne mehr oder weniger spitz zulaufen, oder ob die Sohle dünn oder ultra-dünn ist, ist ihm egal. Aber er genießt es, dass sein Vater ihn um seine Meinung fragt. Auch vom Verkäufer wird er mit Aufmerksamkeiten bedacht. Als Luis am Ende auf eines der Schuhpaare zeigt, ist sein Vater sehr stolz auf ihn: »Klasse! Das sind genau die Richtigen!«   **153**

Normalerweise erleben Kinder mit etwa zwei Jahren, dass Erwachsene größer und stärker sind als sie selbst. Kurze Zeit später würden sie beginnen, sich an den Erwachsenen (zuerst den Eltern, dann den Erziehern und Lehrern) zu orientieren. Doch Luis und Luisa ist es verwehrt, sich an Erwachsenen orientieren zu dürfen. Deshalb kommen sie nicht über einen emotional-sozialen Entwicklungstand hinaus, der einem Alter von zwei Jahren entspricht.

Die Folgen für Luis und Luisa: Sie werden für das Wohlbefinden der Eltern verantwortlich gemacht. Damit bekommen die beiden *noch mehr* Macht als in der Partnerschaftlichkeit, und sie sind *noch mehr* mit den Erwartungen der Eltern überfordert.

Als Jugendliche und junge Erwachsene haben sie die Vorstellung, dass nur sie auf der Welt zählen. In ihrer Egozentrik sind sie stets auf ihren Vorteil bedacht. Sie wägen genau ab, was ihr Einsatz für andere ihnen bringt. Ohne dass eine Belohnung winkt, läuft da nicht viel. Das gilt für den Beruf genauso wie für eine Beziehung.

- Ab 1995:
  Ruhelos im digitalisierten Alltag
- Ab 2000:
  Orientierungslos im Internet
- **Ab 2003:**
  Visionslos in die Symbiose hinein
- Ab 2008:
  Im ständigen Katastrophenmodus

Ich bin in einer Zeit groß geworden, in der es immer nur aufwärts zu gehen schien: Nach der Aufbauphase der Nachkriegszeit hatte das Wirtschaftswunder die Menschen mitgerissen, dann kamen in Riesensprüngen die Wiedervereinigung und der neue Markt. Seit etwa 2003 aber herrscht das Gefühl, alles stagniere oder ginge sogar bergab. Wir Menschen brauchen für unser Leben eine Perspektive, warum wir leben, wo wir im Leben hinwollen. Ohne diese Perspektive breitet sich das Gefühl der Sinnlosigkeit aus.

Wieder bietet sich das Kind zur Kompensation an. Weil es »da draußen« kein Glück und kein Fortkommen zu geben scheint, wird beides nun im Kind gesucht. Das Glück und der Erfolg des Kindes *sind* das Glück und der Erfolg des Erwachsenen. Seit 2003 begegne ich immer mehr Erwachsenen, denen die Fähigkeit völlig fehlt, aus sich selbst heraus glücklich und zufrieden zu sein oder sich auf etwas zu freuen. Damit geht die *Beziehungsform der Symbiose* einher. Sie ist eine Reaktion auf die durch digitale Medien verursachte Überforderung der Psyche plus Visionslosigkeit.

Eltern in der Symbiose fühlen und denken fürs Kind; was ihr Kind erleidet, erleiden sie selbst. Diese Einstellung hat eine ganz andere Qualität als das früher übliche »Mein Kind soll es einmal besser haben als ich«. Es ist fast so, als würden die Eltern heute in ihr Kind hineinkriechen. Wenn es in die Schule geht, würden sich so manche Mama und so mancher Papa am liebsten gleich mit in die Klasse setzen.

2017: Die Mutter der dreijährigen Luisa und des fünfjährigen Luis bringt die beiden in die Kita. Nachdem  sie sich von ihnen verabschiedet hat, spielen die Kinder friedlich – Luisa in der Bauecke und Luis am Maltisch. Plötzlich hetzt die Mutter wieder zur Tür herein und ruft der Erzieherin zu: »Ich habe völlig vergessen, den Kindern zu winken!« Sie ruft ihre Kinder zu sich und fordert sie auf, sich ans Fenster zu stellen, damit sich Kinder und Mutter zuwinken können, wenn die Mutter erneut mit dem Auto losfährt. Luis und Luisa sind völlig verwirrt und die Erzieherin kann sie in den folgenden 30 Minuten nicht beruhigen.

Es geht nicht mehr darum, dass es dem Kind gut geht, sondern den Eltern. Wie bei den weiter oben beschriebenen Beziehungsstörungen gehen die Eltern natürlich nicht bewusst in die Symbiose, sondern sie geraten hinein. Sie rutschen ihrem Kind gegenüber ins falsche Denksystem. Es wird zum (Körper-)Teil ihrer selbst, deshalb können sie seine Äußerungen und Verhaltensweisen nicht kritisch hinterfragen.

Die Folgen für Luis und Luisa: Ich habe es in diesem Buch bereits ausführlich beschrieben – die Kinder von Eltern, die in die Symbiose gerutscht sind, können sich über das Alter von 10 bis 16 Monaten hinaus nicht entwickeln. Weil ihre Eltern reflexhaft auf sie reagieren, erschließt sich den beiden Kindern nur eine Welt, in der es keine Unterscheidung zwischen Menschen und Gegenständen gibt. Sie müssen glauben, sie könnten alles und jeden steuern und bestimmen.

Weil ihnen die Symbiose auch die Expansion nimmt, also das Bestreben, weiterzukommen und zu lernen, sind Luis und Luisa auch als Jugendliche und junge Erwachsene nicht angemessen lern- noch leistungsbereit und erwarten, weiterhin von den Eltern versorgt zu werden. Sie leben nur im Moment und haben entsprechend kaum Durchhaltevermögen. Für ein erfolgreiches Berufsleben und für tragende Beziehungen sieht es nicht gut für sie aus.

- Ab 1995:
  Ruhelos im digitalisierten Alltag
- Ab 2000:
  Orientierungslos im Internet
- Ab 2003:
  Visionslos in die Symbiose hinein
- **Ab 2008:**
  Im ständigen Katastrophenmodus

Seit 2008 erlebe ich immer mehr Erwachsene wie getrieben. Dass die Jahreszahl mit der Markteinführung der Smartphones übereinstimmt, ist kein Zufall. Die

Unruhe wird nun auf die Spitze getrieben. Kaum jemand genießt noch den Augenblick, das direkte Erleben wird durch Selfies abgelöst. Selbst Erwachsene erwarten nun sofortige Befriedigung und rasche Sättigung, und dank der digitalen Aufarbeitung der Nachrichten aus aller Welt sind wir bei jeder Krise *live* dabei.

Wir sind schon so gepolt, dass wir uns all das freiwillig antun. Eine Mutter eines Kindergartenkindes berichtete mir von der folgenden kleinen Begebenheit.

2017: Während sie im Vorraum des Kindergartens auf ihre Sprösslinge warten, unterhält sich Luisas Mama mit einer anderen Mutter. Sie sind mitten im Gespräch, als es in der Tasche der anderen Mutter ein quakendes Geräusch macht. Diese bricht mitten im Satz ab, zieht ihr Smartphone heraus, liest die neu eingegangene Nachricht und ruft dann im Ich-hab's-dir-doch-gesagt-Ton aus: »Schon wieder eine Bombe hochgegangen.« Es stellt sich heraus, dass sie eine Nachrichten-App installiert hat, die sie umgehend informiert, wenn sich irgendwo auf der Welt etwas (natürlich fast immer Negatives) zugetragen hat.

Unsere Psyche entscheidet bei einlaufenden Nachrichten, ob die Meldung für sie Bedeutung hat oder nicht. Treffen aber zu viele Reize parallel ein, kann sie nicht mehr in Ruhe sortieren. Wie bei einem Jongleur, der ein paar Bälle zu viel in der Luft hat, klappt gar nichts mehr – alle Bälle fallen zu Boden. Die Folge ist ein Zustand der dauernden Erregung, der unweigerlich in den Zustand der diffusen Angst führt. Der Erwachsene befindet sich nun im ständigen Katastrophenmodus, ohne dass es einen direkten Grund für seine Ängste gäbe. Das Gehirn kann nicht mehr in den Ruhemodus schalten, es läuft dauernd auf Hochtouren. Das ist **157** der Grund, warum Luisas Mutter, wie am Anfang des Kapitels beschrieben, schon morgens unter Strom aufwacht. Manchmal sehnt sie sich nach Entspannung, weiß aber nicht, wie sie dahin kommen kann.

Kinder Pingui-Werbung 1994: Drei Kinder, etwa acht bis elf Jahre alt und mit Skateboard / Fußball / Schulmäppchen in der Hand, fragen nacheinander ihre Mütter:»Mutti, hast du mir einen Mohrenkopf mitgebracht?« – »Mutti, krieg ich einen Schokoriegel?« – »Mami, kann ich ein Schoko-Eis haben?« Dann ertönt eine Stimme aus dem Off:»Jetzt können Sie Ihren Kindern eine ganz neue Art Schoko-Snack geben ...« Dazu sieht man, wie eine Mutter die Kühlschranktür öffnet, ein Kinder-Pingui herausholt und es der Tochter anbietet. Das Kind beißt in den Schokoriegel und die Mutter nimmt ihre Tochter in den Arm.

Kinder Pingui-Werbung 2017: Die Mutter und ihre zwei Kinder fahren im Familienauto nach Hause. Die Kinder kreischen und randalieren auf der Rückbank, die Mutter findet das ganz normal. Alle drei watscheln in einem albernen Pinguin-Gang ins Haus, wo die Kinder ein paar Kinder-Pingui aus der Hand ihrer Mutter reißen und aus der Küche stürmen (Fußball, Skateboard oder Schulmäppchen sind nun übrigens keine Attribute mehr, die zu »idealen« Kindern, die Werbung für etwas machen, passen würden). Nun ist nur noch die Mutter im Bild, die sich mit einem eigenen Kinder-Pingui in eine ruhige Ecke zurückzieht und es alleine genießt.

Die Gegenüberstellung macht die aktuelle Mentalität des Sich-Bedienens der Kinder und das fehlende Miteinander schmerzhaft deutlich. Schaut man sich weitere Werbung für dieses Produkt an, zeigt sich noch ein interessanter Aspekt: Im Spot von 2008 wurde die Pause der Mutter noch beendet, weil die Kinder wieder auftauchten und sie aufforderten, wieder für sie da zu sein. Heute treten die Kinder, nachdem sie mit dem Schokoriegel abgefüttert wurden, erst gar nicht mehr in Erscheinung. Stattdessen kommen Nachbarn im Rentenalter durch das Gartentor und wollen auch ein Kinder-Pingui ...

Die Folgen für die Entwicklung von Luis und Luisa: Es bleibt dabei, dass die beiden auf dem Entwicklungsstand eines 10 bis 16 Monate alten Kindes stehenbleiben. Was sich für sie ändert, ist, dass das Familienleben nun noch hektischer wird.

Die Folge für die Erwachsenen ist, dass sie gestresster, genervter und gereizter sind als je zuvor. Durch die hohe Beanspruchung der digitalen Welt sind sie nur noch im Außen unterwegs; den Kontakt zu ihrem Inneren haben sie weitgehend verloren. Ihr Gefühl, sie seien nicht mehr sie selbst und wie fremdbestimmt, führt dazu, dass viele nur noch erschöpft und wie gelähmt sind. Aushalten ist die Devise. Sie sind immer weniger in der Lage, Verantwortung zu übernehmen, Entscheidungen zu treffen und den Überblick zu behalten. In diesem ständigen Ausnahmezustand regredieren sie wieder zum Kind.

Im ersten Kapitel habe ich von meinem Erlebnis mit einem jungen Mann berichtet, der rückwärts in eine Einbahnstraße gefahren und fast handgreiflich geworden ist, weil ihm kein Platz gemacht wurde. Seine Psyche hat sich nie über das Stadium eines 10 bis 16-Monate alten Kindes entwickeln dürfen, das sich selbst für den Nabel der Welt hält. Mittlerweile kann es passieren, dass auch ein 50- oder 60-jähriger Autofahrer sich so wie dieser junge Mann benimmt. Seine Psyche ist zwar vollständig entwickelt, doch dank der totalen Reizüberflutung fällt er wieder zurück auf ein kindliches Sta- **159** dium. Er ist nun fest davon überzeugt, dass seine Wünsche und Bedürfnisse maßgebend für alle sind.

2017: Frühmorgens am Kölner Flughafen. Ich sitze schon einige Zeit am Gate, als die Durchsage kommt, dass das Flugzeug wegen lokaler Unwetter, die sintflutartige Regenfälle und starke Windböen bringen sollen, keine Starterlaubnis bekommt. Der Flug wird um mindestens eine Stunde verschoben.
Um mich herum herrscht starker Unmut, ich sehe und höre viele Reisende, die ihr Handy zücken und die Wetter-App aufrufen oder zu Hause nachfragen, wie das Wetter dort ist. Sie eilen zu den Stewardessen am Gate und diskutieren mit ihnen: Da wäre doch gar kein Sturmtief, das könne doch gar nicht sein, sie hätten das überprüft. Statt froh zu sein, dass die Maschine nicht in ein Unwetter fliegt, beschweren sie sich über Unabänderliches. Sie sind frustriert wie kleine Kinder.

Menschen mit normaler psychischer Entwicklung werden also in Zukunft gleich von zwei Seiten in die Zange genommen: Da sind einerseits die jungen Menschen, die nie über eine vollständig entwickelte Psyche verfügen werden, und andererseits ältere Erwachsene, deren Psyche zwar voll entwickelt ist, die aber unter dem Druck in die Regression rutschen.

Erst wenn die Erwachsenen lernen, mit den digitalen Medien verantwortungsvoll umzugehen, kommen sie wieder in ein ruhigeres Fahrwasser. Ihre Ruhe überträgt sich umgehend auch auf die Kinder. Selbst wenn beide Eltern berufstätig sind oder ein Elternteil alleinerziehend ist, kann so der Familienalltag bewältigt werden, ohne dass die Nerven Schiffbruch erleiden.

Schon die viele Zeit, die die Eltern jeden Tag gewinnen,

wenn sie einfach nur die Alarm-Dienste abstellen und bewusst Smartphone-Pausen einlegen, kommt den Kindern zugute. Auf einmal öffnen sich Möglichkeiten für gemeinsame Unternehmungen ohne Ablenkung. Vor allem aber normalisiert sich automatisch die Beziehung zwischen Eltern und Kind. Die Erwachsenen finden wieder zu ihrer Intuition zurück und ihr Blick auf das Kind wird wieder frei. Sie nehmen es in seiner Bedürftigkeit wahr, erkennen, dass es angeleitet werden will und Orientierung braucht. So finden Eltern und Kinder wieder zueinander und das Kind kann seine Entwicklungsschritte im Schutz der Eltern nachholen.

Wie aber finden die Erwachsenen den Weg aus der Smartphone-Sackgasse hinaus? Die Antwort lautet: in kleinen Schritten. Will ein 150-Kilo-Mensch sein Gewicht reduzieren, dann nimmt er sich ja auch nicht vor, täglich 10 Kilometer zu laufen. Es genügt, wenn er anfangs nur eine kleine Strecke geht. Auch wenn es nur 50 oder 100 Meter sind, bedeutet das schon einen Fortschritt. Allmählich wird er die Länge seiner täglichen Spazierrunde steigern.

Genauso funktioniert es, wenn sich die Erwachsenen aus ihrer digitalen Überforderung lösen wollen. Wie wäre es, wenn die ganze Familie sich *einen Tag in der Woche* multimedial freinimmt? Laptops, Smartphones, Tablets – alles wird noch am Abend zuvor auf Stumm geschaltet und im Schrank verstaut. Eltern und Kinder sitzen gemeinsam am Esstisch und kommunizieren wieder miteinander, statt das Handy neben dem Teller liegen zu haben. Und abends gibt es statt Computerspielen eine Gute-Nacht-Geschichte. Rituale wie diese erden nicht nur die Kinder, sondern auch die Eltern.

Aus Erfahrung weiß ich: Schon am ersten Probetag kommt der Stein ins Rollen. Denn alle Beteiligten merken: Es geht tatsächlich auch ohne! Es folgen weitere Schritte in eine Zukunft, in der die Kinder wieder eine Kindheit genießen dürfen, die ihrem Namen gerecht wird. **161**

Alex und Alexa haben uns durch dieses Buch begleitet. Sie haben uns daran erinnert, wie Kindheit sich anfühlte, bevor die digitalen Medien die Erwachsenen in Beschlag genommen haben. Dank ihnen haben wir erkannt, was Luis und Luisa im Jahr 2017 fehlt. Nun wird es Zeit, uns von Alex und Alexa zu verabschieden, denn die beiden gehören ins Jahr 1990 und damit unwiderruflich der Vergangenheit an. Wir aber wollen in die Zukunft gehen und neue Bekanntschaften schließen. Zu dieser Zukunft gehören Ben und Layla. Sie werden *ab morgen* geboren, sind *ab morgen* in Kindergarten und Schule und machen sich *ab morgen* Gedanken, welchen Beruf sie einmal ergreifen wollen.

Nun verändert sich das Bild: Ich stelle gegenüber, woran Luis und Luisa im Jahr 2017 noch leiden und welche Welten sich für Ben und Layla öffnen werden, sobald ihre Eltern wieder zu einem Umgang mit ihren Kindern zurückgefunden haben, der beide Seiten bereichert.

2017: Ich bin im Urlaub an der holländischen Nordseeküste und schaue einem knapp zwei Jahre alten Jungen zu, wie er lustvoll mit seinen Händen im Sand wühlt. Seine Eltern sitzen ein paar Meter entfernt auf einer Picknickdecke und beschäftigen sich mit ihren Smartphones. Da kommen sie auf die Idee, Fotos von ihrem Sohn zu machen. Sie drücken ihm eine kleine Schaufel und einen Plastikeimer in die Hände. »Luis! Lach mal! Schau mal her! Luis, jetzt stell dich hin und zeig auf uns! Luis! Luis! Halt den Eimer hoch! Luis!« So geht das einige Zeit, bis die gewünschten Bilder endlich auf Platine gebannt sind. Von einer Sekunde auf die andere hat der Kleine die Aufmerksamkeit sei-

ner Eltern wieder verloren. Verwirrt sitzt er im Sand. Es dauert eine ganze Weile, bis er wieder in sein Spiel gefunden hat.

Ab morgen: Layla ist knapp zwei Jahre alt und zum ersten Mal am Meer. Selbstvergessen erforscht sie mit allen Sinnen ihre Umwelt. Oben in der Luft kreischen Möwen, der salzige Geruch des Meeres kitzelt in ihrer Nase. Sie fühlt, wie der Sand durch ihre Finger rinnt, und entdeckt, dass es unangenehm ist, ihn im Mund zu haben. Ihre Eltern sitzen neben ihr auf der Picknickdecke und entspannen sich beim Lesen; ihre Tochter haben sie im Blick. Sie spüren, dass sie Layla in diesem Moment am besten in Ruhe lassen. Als sich ihre Tochter einige Zeit später fragend nach ihnen umschaut, setzt sich Laylas Papa neben sie und zeigt ihr, wie man mit einem Schäufelchen ein Loch gräbt und kleine Muscheln auf einen Sandhaufen legt, um ihn zu verzieren. Laylas Mutter schaut den beiden beim Spielen zu und freut sich an der friedlichen und harmonischen Szene. Dann lehnt sie sich zurück und genießt die Sonne.

Der maßgebliche Unterschied zwischen 2017 und »Ab morgen« besteht darin, dass Eltern und Kinder in Zukunft wieder wahrhaft in Kontakt miteinander sind. Luis' Eltern haben den Anspruch, dass er funktioniert und ihre Wünsche erfüllt; sie erwarten von ihrem Kind, dass es sich auf *sie* einstellt, ihnen quasi ein Partner ist und sie liebt. Laylas Eltern dagegen stellen sich auf *ihr Kind* ein.

Noch liegt das »Ab morgen«, in dem Kinder wieder Kinder sein dürfen, vor uns. Um den Weg zu Ben und Layla zu finden, müssen die Erwachsenen von heute ihre Perspektive   **163** zurechtrücken. Sie stellen nicht mehr sich selbst und ihre eigenen Bedürfnisse in den Mittelpunkt, sondern schenken dem Kind wieder die Aufmerksamkeit, die es für seine Entwicklung braucht.

»Wieso?«, könnte man nun fragen. »Kinder *stehen* heute doch dauernd im Mittelpunkt! Genau das ist ja die Ursache für die Verhaltensauffälligkeiten von Luis und Luisa!« Es ist paradox – man könnte tatsächlich meinen, alles drehe sich um die Kinder. Jede Szene, in der ein Kind Erwachsenen gegenüber fordernd auftritt und sogleich bekommt, wonach es schreit, scheint diese Annahme zu bestätigen. Auch in Schule und Kindergarten sind alle höchst bemüht, den Kindern ein Lernumfeld zu schaffen, in dem sie mit viel Spaß und Lust am Entdecken sich entwickeln dürfen. »Alles fürs Kind!« scheint die Devise zu sein.

Dreh- und Angelpunkt sind jedoch die überforderten Erwachsenen, die unbewusst ihre eigenen Bedürfnisse auf Kosten der Kinder befriedigen. Auch wenn den Kindern kaum ein Wunsch verwehrt wird, bekommen sie nicht das, was sie tatsächlich brauchen. Am Beispiel der Eltern, Großeltern und Lehrer – also der Erwachsenen, mit denen Kinder und Jugendliche am meisten zu tun haben – will ich das noch einmal zeigen.

- **Eltern**
- Großeltern
- Lehrer und Erzieher

Ich bin bereits mehrmals darauf zu sprechen gekommen: Nur noch sehr wenige Eltern besitzen einen uneingeschränkten Zugang zu ihrer Intuition und können ihren Kindern das geben, was sie wirklich brauchen: ein klares, nicht abgelenktes Gegenüber.

Jene Eltern, die sich aufgrund ihrer Überforderung durch das ständige Gehetztsein in einer *partnerschaftlichen*

Beziehung zu ihren Kindern befinden, bürden Luis und Luisa Verantwortungen auf, die sie noch nicht tragen können. Als Partner ihrer Eltern können sich die Kinder, wenn sie mit ihren Eltern clever argumentieren, aber auch all das »holen«, was sie haben möchten.

Bei manchen Eltern ist diese Partnerschaftlichkeit überlagert mit der *Projektion*, das heißt, sie tun alles dafür, um von ihren Kindern geliebt zu werden. Sie erfüllen daher alle Wünsche ihrer Kinder.

Mit Abstand die häufigste Beziehungsstörung innerhalb von Familien ist mittlerweile die *Symbiose.* Sie tritt nur zwischen Eltern (oder jenen, die den Kindern gegenüber an die Stelle von Eltern getreten sind) und Kindern auf. Eltern in der Symbiose erkaufen sich unter anderem Ruhe, indem sie ihre Kinder mit allem abspeisen, was jene sich wünschen. Je tiefer sie im Katastrophenmodus stecken, desto weniger Widerstand setzen sie den Begehrlichkeiten der Kinder entgegen.

Dieser kurze Überblick macht klar, dass in Familien, in denen die Beziehung der Eltern zum Kind gestört ist, die Kinder immer das bekommen, was sie haben *wollen.* Aber was sie lautstark verlangen, ist nicht immer das, was sie *brauchen.* Weil die Erwachsenen um sich kreisen, nehmen sie die tatsächlichen Bedürfnisse ihrer Kinder nicht wahr.

- Eltern
- **Großeltern**
- Lehrer und Erzieher

Auch viele Großeltern sind durch die Angst machenden Medien überfordert und im Katastrophenmodus gelandet. Den Umgang mit ihren Enkeln finden sie anstrengend, vor allem dann, wenn Luis und Luisa aufgrund ihrer Entwicklungsstörung »schwierig« sind. Im dauerhaft angespannten Zustand nehmen sie ihre Enkel nur als eine weitere Bürde wahr, die auf ihren Schultern lastet. **165**

Wenn ich in meiner Praxis überforderte Eltern frage, ob denn nicht auch mal die Großeltern für die Betreuung der Kinder einspringen könnten, bekomme ich fast immer ein Kopfschütteln zur Antwort. Vielen Großeltern ist es offensichtlich ganz recht, wenn sie nur in Ausnahmesituationen Verantwortung für ihre Enkel übernehmen müssen. Manchmal liegt das daran, dass sie zu weit weg wohnen, um in den Alltag der Kinder integriert zu sein, manchmal sagen sie aber auch klipp und klar, dass sie nicht zur Verfügung stehen. Dabei ist es so wichtig, dass Eltern auch mal gemeinsam einen halben Tag frei haben! Vor allem für Alleinerziehende wäre es eine große Entlastung, wenn Oma und Opa ihnen unter die Arme greifen.

Wenn es dann zu einem Treffen zwischen den Generationen kommt, zeigt sich, dass viele Großeltern aus ihrer eigenen Überforderung heraus sich in einer *partnerschaftlichen Beziehung* zu ihren Enkeln befinden. Sie gehen deshalb davon aus, dass Luis und Luisa schon selbst wissen, was gut für sie ist. Darüber hinaus sind Großeltern in vielen Fällen sogar in die *Projektion* gerutscht. Unbewusst erwarten sie, dass die Enkel für das Wohlergehen von Opa und Oma verantwortlich sind. Auch hier zeigt sich wieder das fatale Missverhältnis: Die Kinder sollen für die Erwachsenen sorgen und nicht umgekehrt. Luis und Luisa sind dazu da, ihnen Liebe zu geben. Schlimmer noch: Weil die Großeltern ihrer selbst nicht sicher sind, meinen sie, die Liebe ihrer Enkel erkaufen zu müssen. Gerade dieses Verhalten erweist sich aber als kontraproduktiv.

2017: Luisas Opa steht alle paar Wochen mit Mitbringseln in der Tür und holt sich Liebe ab. Im Weltbild der Achtjährigen ist Opa für die Ablieferung von Geschenken zuständig. Sie hat es sich angewöhnt, ihm das Mitgebrachte aus den Händen zu reißen und auf ihr Zimmer zu verschwinden. Der Großvater traut sich nicht, dieses Verhalten zu kritisieren. Er hat Angst, dass Luisa ihn dann nicht mehr lieb haben könnte. Dabei ist das Verhältnis zwischen Opa und Luisa noch nicht einmal im eigentlichen Sinne liebevoll, denn beide sind füreinander nur das Mittel zum Zweck.

Weil er ihr jeden Wunsch von den Augen abliest, besucht Luisa gerne ihren Großvater. Ins Gespräch kommen sie aber nicht. Wenn das Mädchen nach einem Besuch bei Opa wieder zu Hause ist, ist sie so aufgedreht, dass die Eltern Luisa lieber am Wochenende bei sich behalten, als ab Sonntagabend so viel Theater zu haben.

Ab morgen: Der 8-jährige Ben ist übers Wochenende bei seiner Oma zu Besuch. Die Großmutter springt gerne ein, wenn die Eltern mal Zeit für sich brauchen. Für Bens Eltern ist das eine große Entlastung. Dieses Wochenende zum Beispiel sind sie zu einer Hochzeit eingeladen. Ohne Ben können sie das Wiedersehen mit alten Freunden uneingeschränkt genießen. Für Bens Oma sind zwei volle Tage mit ihrem Enkel ganz schön anstrengend. Trotzdem ist sie glücklich, dass Ben bei ihr ist. Sie findet Sinn darin, ihre Familie zu unterstützen, und hat eine große Freude daran, Teil von Bens Leben zu sein und ihn aufwachsen zu sehen. Auch für Ben ist die Zeit mit seiner Großmutter ein Highlight. Heute hat sie ihm sein Lieblingsessen gekocht, Wiener Schnitzel, Kartoffelbrei und Erbsen. Als er sich voller Vorfreude an den Tisch setzt, fragt ihn die Oma: »Hast du dir die Hände gewaschen?« Weil er herumdruckst, meint sie: »Dann geh mal schnell und wasch sie dir!« Ben saust wie der Blitz los. Dann genießen sie gemeinsam das Essen und unterhalten sich

167

über Neuigkeiten aus der Schule. Ben hat viel schneller aufgegessen als seine Großmutter. Aber er weiß, dass er so lange sitzenbleiben muss, bis Oma auch fertig ist.

In einer gesunden Beziehung zwischen Großeltern und Enkeln freuen sich Oma und Opa an den Kindern und sind ihnen ein abgegrenztes Gegenüber. Bens Oma ruht in sich und weiß, dass sie Ben nicht die neueste Playstation schenken muss, um eine beglückende Beziehung zu ihm zu unterhalten. Diese Freude wird von den Enkeln wahrgenommen und – ganz ohne Geschenke-Wahnsinn – mit Liebe und Zuneigung beantwortet.

- Eltern
- Großeltern
- **Lehrer und Erzieher**

Lehrer und Erzieher lernen bereits in der Ausbildung, dass Kinder wie Partner zu behandeln sind. Wenn sie also nicht zu den Wenigen gehören, die sich über das Gelernte hinwegsetzen und intuitiv ihren Schülern ein abgegrenztes Gegenüber sind, ist die Beziehung zur Kindergartengruppe bzw. Klasse von vorneherein von diktierter *Partnerschaftlichkeit* geprägt. Darüber hinaus kann ihre Überforderung – wie bei Eltern und Großeltern auch – dazu führen, dass Lehrer und Erzieher eigene Bedürfnisse auf Kinder projizieren. Dann geraten Lehrer in die *Projektion* und wollen von ihren Schülern geliebt werden. Das heißt, sie sind nachgiebig, wenn es um Hausaufgaben geht, präsentieren sich als »beste Freunde« der Kinder usw.

2017: Frau Mencke ist sehr um ihre Schüler bemüht und möchte gerne, dass es ihnen allen gut geht. Harmonie in der Klasse steht auf ihrer Wunschliste ganz oben. Die 13-jährige Luisa hat gerade ihren ersten Liebeskummer und ganz andere Dinge im Kopf als

Mathe. Sie hat weder Hausaufgaben gemacht, noch hat sie sich gemeldet. Der Lehrerin fällt auf, dass Luisa nicht bei der Sache ist, und bittet sie nach der Stunde zu sich. »Was ist denn los, Luisa?«, fragt sie besorgt. Sie bearbeitet ihre Schülerin so lange, bis Luisa mit ihrem Kummer herausrückt.

Luisa fühlt sich bedrängt, sieht aber auch den Vorteil, den ihr das bietet: Sie wird die Hausaufgaben nicht nachmachen müssen. Weil ihr im Gespräch alles zu viel wird, kommen ihr ein paar Tränen. Sofort wird sie von der Lehrerin umarmt und getröstet. Die große Pause ist längst vorbei, als sie sich wortreich trennen. Luisa weiß nicht so recht, was sie von dieser Szene halten soll. Frau Mencke aber hat das gute Gefühl, ihrer Schülerin geholfen zu haben. Beschwingt geht sie in die nächste Stunde.

Natürlich soll die Beziehung zwischen Lehrer und Schüler angstfrei und von Vertrauen geprägt sein. Aber es darf keinen Zweifel daran geben, dass der Lehrer die Person ist, an der sich der Schüler *orientiert*. Ein Lehrer, der personenzentriert unterrichtet, kann unmöglich gleichzeitig »Leuchtturm« und »bester Freund« sein. Mit Eltern verhält es sich übrigens genauso: Auch sie verraten die Kinder, ohne es zu wollen, wenn sie sich als deren Freunde positionieren. Bei so einem Deal »gewinnen« nur die Erwachsenen – die Kinder dienen ihnen als emotionale Stütze; die Kinder verlieren Sicherheit und Orientierung. Es macht eben einen großen Unterschied, ob ein Lehrer einfach nur nett ist, weil er geliebt werden möchte, oder ob er die Entwicklung der Kinder fördert und ihm deswegen die Herzen zufliegen.

169

Ab morgen: Herr Mencke ist sehr um seine Schüler bemüht und möchte, dass sie alle sich zu selbstständigen
Erwachsenen entwickeln. Der 13-jährige Ben hat heute seine Hausaufgaben nicht gemacht und war im Unterricht wie abwesend. Der Lehrer bittet Ben nach der
Stunde zu sich. Er macht ihm noch mal ganz deutlich
klar, dass das »Vergessen« von Hausaufgaben keine
Option ist. Wenn Ben erwachsen sein wird, muss er ja
zum Beispiel auch dann seine eigenen Kinder versor-
gen, wenn es ihm mal nicht so gut geht.

Ben weiß noch vom letzten Mal, dass er eine Strafarbeit aufbekommt, wenn er morgen seinem Lehrer die
Hausaufgaben nicht zeigen kann. Also wird er sich
Mühe geben. Herr Mencke ist aber noch nicht fertig
mit ihm: »Es war schade, dass du heute nicht mit-
gemacht hast. Mit deiner Hilfe hätte die Klasse den
gesuchten Lösungsweg viel früher gefunden. Ich er-
warte von dir, dass du beim nächsten Mal wieder voll
dabei bist.« Ben freut sich, dass sein Lehrer ihn so
gut einschätzt. Er selbst findet sich eigentlich nur mit-
telmäßig in Mathe. Aber er weiß, dass Herr Mencke
meint, was er sagt. Er weiß auch, dass er mit seinen
Sorgen jederzeit zu seinem Lehrer gehen kann. Doch
er beschließt, sein Problem allein zu lösen. Er hatte
etwas aus der Schublade seines Vaters genommen –
und es verloren. Es geht kein Weg daran vorbei: Er
wird es seinem Vater heute Abend beichten müssen.
Sobald er diesen Entschluss gefasst hat, geht es ihm
schon viel besser.

»Ab morgen« sehen Eltern, Großeltern und Lehrer wieder
die wahren Bedürfnisse der Kinder. Sie können eigene
Bedürfnisse hintenanstellen und einfach nur für Ben und
Layla da sein. Auf die Gefahr hin, dass ich mich wiederhole,

will ich es noch einmal sagen: Sie sehen Kinder wieder als Kinder und verlangen ihnen nicht mehr Unmögliches ab.

2017: Eine Mutter ist mit ihrem sechsjährigen Sohn bei mir in der Sprechstunde. Mitten im Gespräch sagt sie: »Herr Winterhoff, ich schau mal eben vor der Tür, ob meine Tochter noch schläft.« Ich bin erstaunt, ich wusste nicht, dass sie noch ein weiteres Kind mit dabei hat. Vor der Tür, an einer Stelle, die von der Praxis aus nicht einsehbar ist, steht ihr Fahrrad; im Anhänger schläft die 18 Monate alte Luisa. Mindestens eine halbe Stunde war das Kind allein. Wäre es aufgewacht, hätte die Mutter es nicht mitbekommen. Auf meine Bemerkung hin, dass die Tochter doch noch viel zu klein sei, um sie allein zu lassen, reagiert die Mutter verständnislos. Dass sie ihre Tochter weder hören noch sehen konnte, bringt sie nicht von ihrer Meinung ab, dass ihr Kind sich schon gemeldet hätte, wenn es sie gebraucht hätte.

Ab morgen: Bens Vater macht mit seinem Sohn einen Spaziergang in den Park. Er hat seinen 18 Monate alten Sohn an die Hand genommen, er muss also Rücksicht nehmen und langsam gehen. Aber es kommt ihm nicht darauf an, eine bestimmte Strecke zu schaffen, er genießt einfach die Zeit mit seinem Sohn. Gemeinsam entdecken sie Pfützen, herbstlich gefärbte Blätter und merkwürdig geformte Steine. Einmal darf Ben sogar einen Hund streicheln. Zuerst ist er ein wenig ängstlich, aber dann schaut er auf seinen Vater und weiß: Das ist in Ordnung. Bevor Ben müde wird, sind sie schon längst auf dem Heimweg. Der Papa weiß ja sehr gut, wie lange sein Sohn so einen Spaziergang durchhält und wann er müde und **171**

hungrig wird. Sobald Ben seinen Gemüsebrei gegessen hat, fallen ihm auch schon die Augen zu. Sein Vater bringt ihn ins Bett zum Mittagsschlaf. Dann setzt er sich in Ruhe an den Tisch und lässt seine Gedanken wandern. Er denkt an den Spielplatz, der noch etwas außerhalb des erreichbaren Radius der beiden liegt. In ein paar Wochen will er ausprobieren, ob Ben es bis dorthin schafft und noch genügend Kräfte für Klettergerüst und Rutsche übrig sind. Bens Papa freut sich schon auf die zukünftigen Ausflüge dorthin.

Bens Papa hat im Blick, was sein Sohn braucht. Er selbst hat große Lust, sofort mit seinem Sohn auf den Abenteuerspielplatz zu gehen; so könnte er auch die eigene Kindheit noch einmal nacherleben. Aber er akzeptiert, dass Ben im Moment noch mit dem Sandkasten im Gemeinschaftsgarten ausreichend bedient und glücklich mit den kleinen Spaziergängen ist, bei denen sein Vater ganz bei ihm ist. Natürlich besitzt Bens Vater ein Smartphone, doch er würde nicht im Traum daran denken, es mit auf die kleinen Expeditionen mit seinem Sohn zu nehmen. Die Wahl, ob er lieber zusammen mit Ben mit Stöckchen in Pfützen herumstochert, oder auf Facebook Fotos von Ben postet, fällt ihm nicht schwer.

Wenn die Bedürfnisse der Kinder wieder im Blickfeld der Erwachsenen sind, dann werden Väter, die einen Kinderwagen schieben und dabei telefonieren, nicht mehr zum normalen Stadtbild gehören. Und Mütter, die in Cafés und auf Parkbänken ihre Babys stillen, schenken ihre Aufmerksamkeit ihrem Kind und nicht dem kleinen Bildschirm ihres Smartphones. Die Zeiten, in denen Eltern körperlich anwesend, aber mit ihren Gedanken ganz woanders sind, gehören dann der Vergangenheit an.

Für Ben und Layla ist es eine große Erleichterung, dass sie als Kinder gesehen werden, die kindliche Bedürfnisse haben. Sie bekommen keine Verantwortung zugeschustert, die sie nicht tragen können, und leben in einer von klaren Regeln bestimmten Welt, die ihnen Sicherheit bietet. Weil ihre Eltern gelernt haben, mit den digitalen Medien vernünftig umzugehen, können sie Ben und Layla genügend Zeit schenken, in der sie sich ihnen aufmerksam zuwenden.

Luis und Luisa mussten noch in dem Gefühl aufwachsen, dass sie ...

- ... für das Wohlergehen von Eltern, Großeltern und Lehrern verantwortlich sind.
- ... sich anpassen und sich auf die Wünsche der Erwachsenen einstellen müssen.
- ... Verständnis für die »Großen« haben sollen, wenn diese überfordert und genervt sind.
- ... Störenfriede sind, die Familienleben und Schule anstrengend machen.
- ... den Eltern, Großeltern und Lehrern Sorgen und Arbeit machen und eine Belastung sind.
- ... nicht gebraucht werden.

Das alles ist bei Ben und Layla nicht der Fall. Sie fühlen sich beschützt und gut aufgehoben, weil die Erwachsenen ...

- ... sich für das Wohlergehen der Kinder verantwortlich fühlen.
- ... auf die Bedürfnisse der Kinder Rücksicht nehmen.
- ... Verständnis für Ben und Layla aufbringen, wenn diese mal schlechte Laune haben.
- ... ihren Kindern gegenüber verlässliche Reaktionen zeigen und ihnen so permanenten Halt und Sicherheit bieten.

173

- … ihnen in der Schule eine von festen Regeln bestimmte und damit ruhige Umgebung bieten, in der sie ungestört lernen können
- … ihnen das Gefühl geben, dass sie das Wunderbarste auf der Welt sind und von Eltern und Großeltern bedingungslos geliebt werden.

Die Tatsache, dass Ben und Layla als Kinder wahrgenommen werden, hat noch eine weitere wertvolle Wirkung: Die Erwachsenen sehen sie ganzheitlich.

Der Alltag von Luis und Luisa ist in kleinste Abschnitte fragmentiert. Wie ein Paket werden sie von ihren Eltern zur Schule, zum Sport, zum Musikunterricht gebracht. Ihr Leben ist reduziert auf eine To-do-Liste, die Tag für Tag abgearbeitet wird. Der Zeithorizont, den die Eltern im Blick haben, reicht kaum über die Woche hinaus.

2017: Der zwölfjährige Luis ist im Fußballverein, damit er wenigstens einmal in der Woche abends richtig müde ist. Seine Eltern wechseln sich ab, ihn zum Training zu bringen. Weil es sich nicht lohnt, in der Zwischenzeit noch einmal nach Hause zu fahren, bleiben Mama oder Papa gleich im Café nebenan. Dort trinken sie einen Kaffee und entspannen mit dem Smartphone, Kontakte mit anderen Eltern pflegen sie nicht. Luis kennt nach einem Jahr immer noch nicht alle Namen seiner Mitspieler. Eine Minute, nachdem das Training beendet ist, sitzt er schon wieder im Auto. Er duscht lieber daheim, denn da ist es komfortabler als in den Umkleideräumen des Vereins. Den Eltern ist es recht, so sind auch sie schneller wieder zu Hause.

Dass es in einem Sportverein um viel mehr als nur körperliche Betätigung geht, haben Luis' Eltern nicht auf dem Schirm. Luis könnte dort auch ein Miteinander erleben, Freundschaften schließen und soziales Verhalten einüben. Ein ganzer Kosmos könnte sich ihm dort öffnen. Doch weil er sofort nach Abpfiff wieder weg ist, geht das alles an ihm vorbei.

Ab morgen: Die zwölfjährige Layla ist im Karate-Verein. Ihre beste Freundin hat sie dort kennengelernt. Anfangs hat Layla über die anstrengenden Trainingsmethoden gemeckert, doch nun vertraut sie ihrem Trainer. Er hat ihr auch geholfen, mit Niederlagen bei Wettkämpfen gut umzugehen. Ein anderes Problem musste sie auf eigene Faust lösen: Mit einem der Jungs ihrer Gruppe hatte Layla eine Zeitlang Ärger, er machte sich oft über sie lustig, weil sie sehr dünn und lang ist. Aber dann haben sie Frieden miteinander geschlossen, jetzt kommen sie sogar ganz gut miteinander aus. Der Höhepunkt im Vereinsleben ist das Sommerfest, das durch Kuchen- und Grillwürstchenverkauf die Vereinskasse aufbessert. Dann hilft Laylas ganze Familie mit: Papa backt tolle Kuchen, Mama steht hinter der Theke und Layla verteilt Lose.

Laylas Eltern erfassen ihr Kind ganzheitlich, ihr Zeithorizont reicht bis zu dem Moment, in dem Layla auf eigenen Füßen stehen wird und darüber hinaus.

Luis' Eltern dagegen fragen sich: »Wie komme ich möglichst stressfrei über den Tag?« Weil sie ihren Sohn fragmentiert sehen, werden ihnen Zusammenhänge nicht klar.

- Sie bringen Luis mittwochs zum Fußballtraining, weil er es dringend nötig hat, sich auch mal richtig auszupowern – und weil er in Deutsch eine Fünf hat, fahren sie ihn zur Strafe drei Wochen nicht zum Training.

- Sie schicken ihn früh ins Bett, weil er morgens häufig müde ist – und erlauben ihm, das neue Spiel herunterzuladen, weil er so gerne mit dem Computer spielt.

Eltern und Großeltern sind sehr um Luis und Luisa bemüht, wollen das Beste für sie. Doch das Fernziel haben sie aus den Augen verloren: die Kinder fit für ein Leben als Erwachsene zu machen. Luis und Luisa sind *eben nicht* selbstständig, wenn sie ihre Ausbildung beginnen oder wenn es eigentlich an der Zeit wäre, ihr Elternhaus zu verlassen. Auch Kindergarten und Schule verfehlen 2017 noch das Ziel, die Kinder auf das Leben vorzubereiten.

Ab morgen: Am Ende der vierten Grundschulklasse können Ben und Layla zügig und lesbar schreiben, fließend lesen und sie beherrschen die Grundrechenarten. Auf dieser Basis können sie sich auf der weiterführenden Schule mit komplizierteren Dingen befassen.
Mindestens genauso wichtig wie das Erlernen der grundlegenden Kulturtechniken Lesen, Schreiben und Rechnen ist aber auch das Einüben sozialer Verhaltensweisen. Im Kindergarten haben Ben und Layla gelernt, dass sie andere Kinder nicht auslachen dürfen und dass sie die Sachen, die sie zum Spielen aus der Schublade geholt haben, auch wieder aufräumen müssen. In der Grundschule werden sie an weitere Regeln, Abläufe und Strukturen herangeführt, die ein Miteinander erst ermöglichen. Unter der Anleitung der Erwachsenen entwickeln Ben und Layla emotionale und soziale Fähigkeiten. Dazu gehören Empathie für Mitmenschen und friedliche Formen der Problem-

bewältigung, aber auch Fleiß und Durchhaltevermögen. Bis die beiden auf eigenen Füßen stehen können, müssen sie noch unglaublich viel lernen und erfahren! Die Lehrer achten darauf, dass kein Baustein von Bildung und Entwicklung zu kurz kommt.

Die Aufgabe der Erwachsenen, Ben und Layla ins Leben zu führen, ist überaus komplex. Hätten die Lehrer nicht ihre Intuition, könnten sie es kaum schaffen, die Kinder »als Ganzes« in ihrer Entwicklung voranzubringen.

Luis und Luisa dagegen werden in Kindergarten und Schule – so wie in ihrem Elternhaus auch – fragmentiert gesehen. Einzelne Fähigkeiten werden wunderbar gefördert, andere vernachlässigt. Statt sie in allen Facetten fit fürs Leben zu machen, werden einzelne Problemstellungen isoliert voneinander betrachtet. Weist Luisa eine Sprachstörung auf, wird sie zum Logopäden geschickt. Wird bei Luis eine Bewegungsstörung vermutet, geht er zur Ergotherapie – es wird immer nur am Symptom gearbeitet.

Es ist so, als würde jemand ein Haus bauen, indem er die einzelnen Gewerke isoliert voneinander abarbeitet. Zuerst schachtet er den Keller aus. Dann konzentriert er sich voll auf die Küche. Er fertigt wunderbare Fenster an, damit er hinausschauen kann. Jede Arbeit ist in sich stimmig und gut ausgeführt, doch weil er nie das Haus als Ganzes gesehen hat, ist es am Ende schief und krumm. Es gibt zwar ein großartiges Bad, aber die Wasseranschlüsse liegen am anderen Ende des Hauses. Im Obergeschoss sind wunderschöne Schlafzimmer, aber die Treppe wurde vergessen. Das Haus ist schlichtweg nicht bewohnbar.

Der Auftrag an Kindergarten und Schule lautet: den Kindern Entwicklungsräume zu bieten und sie zur Schul- bzw. Ausbildungsreife zu begleiten. Dass Kindergarten und Schule so lange die Augen davor verschließen können, dass sie diese Aufgabe nicht umsetzen – auch dafür ist die fragmentierte Betrachtungsweise des Kindes verantwortlich. Man überprüft nicht, ob Kinder, die kompetenzorientiert unterrichtet wurden, die geförderten Kompetenzen auch tatsächlich entwickelt haben. Das zusätzlich andere Bildungsfelder völlig brachliegen, will man nicht wahrhaben.

Fakt ist, dass viel zu viele Schulanfänger nicht schulreif sind und Schulabgänger selbst mit 16 oder 18 Jahren noch nicht einmal ausreichend lesen, rechnen, schreiben, geschweige denn sich sozial in die Gesellschaft einfügen können. Statt sich das Versagen des kompetenzorientierten Unterrichts einzugestehen, werden die Leistungsanforderungen immer weiter abgesenkt. Langsam macht sich die Erkenntnis breit, dass Unternehmen unter Schul- und sogar Universitätsabsolventen viel zu wenig geeigneten Nachwuchs finden. Die eigentliche Katastrophe besteht aber darin, dass die Kinder im Leben scheitern werden. Sie sind betrogen worden.

Es müssen endlich Konsequenzen daraus gezogen werden, dass die partnerschaftlichen, am Lernspaß orientierten Konzepte in Kindergärten und Schulen nicht taugen. Sie sind gut gemeint, gehen aber völlig an den Bedürfnissen der Kinder vorbei. Denn Kinder brauchen immer das Gleiche: Erwachsene, die ihnen Halt und Sicherheit geben. Weil sie das zu Hause bei Eltern und Großeltern immer weniger erleben, brauchen sie in Kindergarten und Schule umso dringender personenorientierte Konzepte.

Statt die Schraube bei den Personalschlüsseln immer weiter anzuziehen, muss sich die Bildungspolitik auf die in ihrer Entwicklung gestörten Kinder einstellen. Wir brauchen Pädagogen, die das Kind in seiner Störung verstehen und diese Störung in kleinen Gruppen mit viel Geduld und Einüben beheben können. Statt partnerschaftlichem Denken, das die Störung von Haus aus nur unterstützt und weiterträgt, brauchen wir ein heilpädagogisches Denken. Vordringliche Aufgabe der Kindergärten und Schulen muss es werden, die Kinder zunächst einmal auf den emotional-sozialen Stand ihres Alters zu entwickeln. Dann erst kann Bildung überhaupt greifen.

Es gibt noch Eltern, Großeltern und Lehrer, die intuitiv erkennen, dass Luis und Luisa Erwachsene brauchen, die *nicht* im Katastrophenmodus sind, sondern in sich selbst ruhen. Es ist eines der Hauptanliegen dieses Buches, sie zu bestärken und ihnen Mut zuzusprechen. Denn Erwachsene finden sich oft in der Position von Außenseitern wieder, wenn sie ihren Kindern klar abgegrenzt gegenübertreten.

2017: Luis' Familie macht einen Besuch im Ägyptischen Museum. Der Achtjährige interessiert sich eher für Dinosaurier, aber er geht gerne mit, weil er weiß, dass Ausflüge mit seinen Eltern meistens etwas Interessantes bieten. Auch dieses Mal ist es so: Fasziniert betrachtet er die ausgestellten Mumien. Luis achtet darauf, andere Besucher nicht zu stören, und hält sich an die Regel, das Glas der Vitrinen nicht zu berühren – so hat er es von seinen Eltern gelernt. Dass er und seine Eltern von anderen Besuchern beobachtet werden, merkt er nicht. Vielleicht steckt ein kleine Portion Neid dahinter, wenn sie sich zutuscheln: »Das arme Kind! Wie dressiert!« Luis Eltern werden als Ewig-Gestrige eingeschätzt.

Eltern, die ihr Kind anleiten, werden oft als autoritär missverstanden. Ich wiederhole es noch einmal: Mit *Er-*

ziehungsstilen hat das alles nichts zu tun. Eltern können ihren Kindern ein abgegrenztes Gegenüber sein und dabei einen sehr lässigen oder auch einen sehr strengen Erziehungsstil anwenden. Dasselbe gilt für Eltern in Symbiose: Sie können sehr streng sein und dauernd an ihren Kindern herummäkeln oder ihnen alle Freiheiten der Welt lassen. Es kommt darauf an, *dass* Eltern sich ihren Kindern gegenüber als Erwachsene positionieren. *Wie* sie es tun, ist eine völlig andere Baustelle.

Einer der vielen Streitpunkte, bei denen Eltern Schwierigkeiten haben, ihren Kindern gegenüber eine klare Haltung zu zeigen, ist der Umgang mit den digitalen Medien.

Viele Eltern leiden unter der ungeheuren Angst, ihre Kinder könnten später auf dem globalen Arbeitsmarkt die Verlierer sein, wenn sie nicht schon von klein auf lernen, auf Bildschirmen herumzuwischen. Auch die Schule sieht sich in der Pflicht, die Schüler zu *Digital Natives* heranzuziehen. Es passt ja auch zum partnerschaftlichen Ansatz: Kinder lieben das Internet. Schule stellt sich da nicht in den Weg. Selbst in manchen Kindergärten wird 2017 auf Tablets herumgewischt, damit die Kleinen bloß nicht den Anschluss verlieren.

Weil mittlerweile fast alle Kinder Smartphone, Laptop und Spielekonsole haben, ist es für Eltern, die noch über ihre Intuition verfügen, fast unmöglich, sich gegen den Einzug dieser digitalen Geräte in Kinder- und Klassenzimmer zu stemmen. Klassen bilden WhatsApp-Gruppen, in denen alles Organisatorische ausgetauscht wird, und mancher Lehrer vergibt sogar die Hausaufgaben nur noch online.

Eltern müssen durchhalten, wenn sie nicht wollen, dass ihr Kind im Internet Erfahrungen macht, die seine

Expansion behindern:

- Ich brauche niemanden.
- Ich weiß alles.
- Ich kann alles.
- Ich beginne und beende Beziehungen so, wie ich es haben will.
- Wenn es schwierig wird, beende ich das Spiel.

Kinder haben kein Maß und können deshalb nicht beurteilen, was ihnen gut tut und was nicht. Sie brauchen Erwachsene, die für sie den Zugang zum Internet altersgerecht regeln. So wie im Jugendschutzgesetz der Alkohol- und Tabakkonsum von Jugendlichen reglementiert wird, müsste es Vorgaben geben, ab wann Kinder an Tastatur und Touchscreen dürfen.

2017: Eine Szene, die ich im Kölner Zoo beobachtet habe: Dreijährige Kinder stehen vor einem großen Aquarium und wischen an der Glasscheibe herum. Erst nach einigen Sekunden fällt bei mir der Groschen: Sie erwarten, dass sie mit ihren Wischgesten die Fische nach ihren Vorstellungen bewegen können.

Ab morgen: Wenn Eltern ihrem Kleinkind ein Smartphone in die Hand drücken, damit es Ruhe gibt, sind die Umstehenden genauso erstaunt, als würde das Kind an einer Zigarette ziehen dürfen oder ein Glas Rotwein zu trinken bekommen.

Wie soll ein Kind die wirkliche Welt realitätsnah erfassen, wenn es dauernd in die virtuelle Welt abtaucht? Bis weit ins Kindergartenalter hinein braucht es keinerlei digitale Beschäftigung – die reale Welt ist schon kompliziert genug, um seine Psyche vollauf zu beschäftigen. Das Herumwischen auf der Glasscheibe des Bildschirms ist unkreativ bis **181** zum Geht-nicht-mehr. Haptisch geschieht da gar nichts. Was für Gefühlswelten eröffnen sich Kindern dagegen, wenn sie ein Stück Knete in der Hand haben! Mit dem Bauen und Basteln erobern sie sich den dreidimensionalen Raum.

Obwohl die nachteilige Wirkung bekannt ist, brauchen Eltern sehr viel Selbstbewusstsein und Durchhaltevermögen, nicht vom Standpunkt abzurücken, digitale Medien ihren Kindern nur altersgerecht zur Verfügung zu stellen.

2017: Luis ist ein sportlicher Jugendlicher mit vielen Interessen und Freundschaften. Zum 11. Geburtstag bekommt er von seinem Patenonkel ein Smartphone geschenkt, mit den Eltern hatte er sich nicht abgesprochen. Die Mutter ist nicht begeistert. Die Absprache mit Luis lautet: »Nur eine halbe Stunde pro Tag.« Doch Luis hat das Gerät immer dabei. Sobald seine Eltern sagen: »Jetzt ist es gut, gib mal das Smartphone her!«, antwortet Luis: »Ich mach aber gerade meine Hausaufgaben. Ich muss was recherchieren.« Luis verändert sich. Er hat zum Sport immer weniger Lust und zieht sich oft auf sein Zimmer zurück. Die Kommunikation mit Eltern und Freunden geht deutlich zurück. Er nimmt sichtbar an Gewicht zu. Seine Eltern sehen all dies mit Sorge, fühlen sich aber machtlos.
Eines Tages bekommt die Mutter so eine Wut, dass sie das Handy in der Regentonne versenkt. Luis ist fassungslos, schreit unkontrolliert herum und bedroht seine Mutter. Zuerst stellt sich der Vater auf die Seite des Jungen. Seinen Vorschlag, Luis sein altes Smartphone zu geben und sich selbst ein neues zu kaufen, lehnt die Mutter ab: »Das wird auch in der Regenton-

ne landen.« Auch Freunde und Bekannte sind der Meinung, dass Luis dringend ein Smartphone braucht. Doch die Mutter bleibt bei ihrem Standpunkt. Selbst als die Großeltern eines Tages mit einem Smartphone für Luis ankommen, bleibt die Mutter hart; Oma und Opa müssen das Gerät wieder mit nach Hause nehmen.

Nach einigen Wochen hat sich die Familie an die klare Haltung der Mutter gewöhnt. Die Mutter berichtet mir von der Überraschung des Vaters darüber, wie schnell sein Sohn weder aufgeblüht ist. Luis spricht wieder viel mit seinen Eltern und Freunden, hat seinen Sport wieder aufgenommen und hat ein angemessenes Gewicht. Seine Ausstrahlung ist wieder aufgeweckt und lebendig. Im Nachhinein war es ganz einfach, Luis den Weg zurück zu einem ausgeglichenen, agilen und lebensfrohen Jungen zu ebnen.

Als ich 2008 mein erstes Buch schrieb, hatte ich bereits über zehn Jahre lang mit wachsender Sorge beobachtet, dass immer mehr Erwachsene sich im Umgang mit Kindern überfordert zeigen. Anfangs hatte ich erstaunt diagnostiziert, dass sie in eine *Partnerschaft* zu den Kindern gerutscht waren; dann kamen die ersten Fälle der *Projektion*, in der sich bei Erwachsenen alles darum drehte, dass ihre Kinder sie orientieren und ihnen Liebe schenken sollten. Später kippte das Bild und die *Symbiose* wurde in meiner Praxis zum »Normalfall«. Heute werden bei mir kaum noch Eltern vorstellig, die nicht in der Symbiose mit ihren Kindern feststecken.

Was wir nicht mehr aufhalten können: Manche der seit 1995 in gestörten Eltern-Kind-Beziehungen aufgewachsenen Kinder sind nun schon selbst Eltern geworden – das Problem nicht entwickelter Kinder potenziert sich damit. Denn Erwachsene, die eigentlich Kleinkinder sind, *können* keine guten Eltern sein. Wie auch? Sie sehen sich im Mittelpunkt und ihr Kind ist dazu da, ihre Bedürfnisse zu erfüllen.

Wenn wir eine Zukunft wollen, in der es immer mehr im Stich gelassene Kinder und Jugendliche wie Luis und Luisa gibt, dann müssen wir nur so weitermachen wie bisher: die beiden als Erwachsene behandeln und ihnen jede Möglichkeit zur Entwicklung rauben. Damit aber eine Zukunft mit Kindern wie Ben und Layla Wirklichkeit wird, brauchen wir Erwachsenen wieder Zugang zu unserer Intuition. Solange wir nicht über sie verfügen, werden weitere Generationen von Kindern heranwachsen, die sich nicht entwickeln dürfen.

Um wieder in Ruhe zu kommen, müssen wir vor allem mit den gesellschaftlichen Umbrüchen klarkommen, die die digitale Revolution ausgelöst hat. Keine Frage: Wir werden lernen, Laptop und Smartphone sinnvoll einzusetzen und Nutzen aus diesen großartigen Geräten zu ziehen. Statt uns zu überfordern, werden sie unseren Alltag noch einfacher machen. Je schneller diese Entwicklung vorangeht, desto besser. Denn dann ist der Weg frei, dass wir wieder in uns ruhen und abgegrenzt sind. Wir können uns wieder auf die Bedürfnisse der Kinder einstellen und ihnen eine wirkliche Kindheit schenken.

Wie schaffen wir das? Unsere wunderbare, einzigartige menschliche Psyche macht es möglich, dass Eltern mit nur einem Waldspaziergang den ersten Schritt hinaus aus einer so schwerwiegenden Beziehungsstörung wie der Symbiose finden. Ist der Bann einmal gebrochen, können die Erwachsenen mit der Arbeit beginnen, die Kinder nach und nach auf den ihrem Alter entsprechenden Stand ihrer Psyche zu entwickeln.

Genauso simpel ist für Erwachsene die folgende Möglichkeit, wieder heraus aus der Überforderung und der diffusen Angst zu finden: einfach mal Laptop, Tablet und Smartphone ausgeschaltet lassen. Mit der gewonnenen Zeit und Ruhe kommen Eltern, Großeltern und Lehrer wieder in Kontakt mit sich selbst und dann auch mit den Kindern. Sie können sie ganzheitlich *als Kinder* wahrnehmen – und damit wieder spüren, was für ein Glück Kinder sind: Kinder machen glücklich und stiften Lebenssinn. Was für eine Freude, sie auf ihrem Weg ins Erwachsenenleben begleiten zu dürfen!

1. http://www.huffingtonpost.de/bunmi-laditan/kinder-kindheit-magisch
    _b_5074431.html

2. https://yougov.de/news/2015/04/28/kinder-durfen-heute-weniger-
    als-fruher/

3. Weser-Kurier 18. März 2016 (http://www.weser-kurier.de/region
    /regionale-rundschau_artikel,-Immer-mehr-Kinder-verhaltens
    auffaellig-_arid,1337461.html) und Beitrag auf Kreiszeitung.de vom
    18.03.2016 (https://www.kreiszeitung.de/lokales/diepholz/syke-
    ort44535/politiker-erschrocken-drittel-kinder-betroffen-haelfte-
    nicht-schulfaehig-6221765.html)

4. Neue Züricher Zeitung am Sonntag vom 21.02.2016: »Kindergärtne-
    rinnen am Anschlag«; (http://www.nzz.ch/nzzas/nzz-am-sonntag/
    schwierige-kinder-kindergaertnerinnen-am-anschlag-ld.5553)

5. Mehr zum kompetenzorientierten Unterricht finden Sie in Kapitel 5.

6. Mail vom 21.11.2016

7. Spiegel online vom 8. Juni 2016: »Darum ist diese Schule die beste des
    Landes«

8. News4teachers, 20. Dezember 2016: »Verbot von ›Schreiben nach
    Gehör‹ – Grundschulverband fordert Kretschmann auf: Schreiten Sie
    ein! Stoppen Sie die Kultusministerin!« http://www.news4teachers.
    de/2016/12/verbot-von-schreiben-nach-gehoer-grundschulverband-
    -fordert-kretschmann-auf-schreiten-sie-ein-stoppen-sie-die-kultus
    ministerin/

9. Spiegel online vom 17. Juni 2013: »Die neue Schlechtschreibung«
    http://www.spiegel.de/spiegel/print/d-98091072.html

10. Rhein-Zeitung.de vom 7. April 2016: »ADHS: Kinder bekommen we-
    niger Pillen«

11. http://www.spiegel.de/spiegel/print/d-92079461.html; »Schule kann
    mehr«, 13. April 2013 auf ZEITonline

12. https://visible-learning.org/de/hattie-rangliste-einflussgroessen-
    effekte-lernerfolg/ Es gibt auch noch fünf Einflussfaktoren, die einen
    negativen Wert aufweisen. Darunter: Sitzenbleiben, Fernsehen und
    Bezug staatlicher Transferleistungen.

13. »Adult Psychiatric Morbidity Survey 2014«, National Health Service, NHS digital, veröffentlicht 29. September 2016

14. Für die Studie »Smartphone Habits« wurden im Auftrag der Firma Tecmark 2.000 Smartphone-Nutzer im September 2014 befragt.

15. Vorlesestudie 2014 »Vorlesen macht Familien stark«. Für die repräsentative Studie wurden im Auftrag der Deutschen Bahn, der Stiftung Lesen und der Zeitung »Die Zeit« 250 Mütter und 250 Väter von Kindern im Alter von zwei bis acht Jahren befragt.

16. Studie »Smartphone Habits« vom September 2014, beauftragt von der Firma Tecmark, siehe Endnote 14.

17. Studie »Mobile Touches: A Study on Human and their Tech«, 2016 durchgeführt vom US-Markforschungsinstitut dscout.

18. The AVG 2015 Digital Diaries Executive Summary, AVG Technologies. Insgesamt 6.100 Personen wurden befragt.

Die Entwicklung der emotionalen und sozialen Psyche des Kindes aus tiefenpsychologischer Sicht

Alter	Wahrnehmung
Geburt	Außerhalb von mir existiert noch eine Welt.
Säugling	Unterscheidung zwischen angenehm und unangenehm, z.B.: Die Mutter schmust mit mir – ich werde gewickelt.
Krabbel- und Laufalter	Eroberung und Entdeckung des Raumes, Beginn der räumlichen Wahrnehmung, z.B.: Es gibt Gegenstände, die hart, weich, kalt oder warm sind. Sie lassen sich bewegen oder auch nicht.
Ab ca. 10-16 Monaten	Unterscheidung zwischen »Mensch« und »Gegenstand«. Der Mensch lässt sich im Unterscheid zum Gegenstand nicht immer steuern, er steuert mich und reagiert auf Sprache.
Ab ca. 20 Monaten	Unterscheidung zwischen bekannter und fremder Umgebung: In fremder Umgebung sucht das Kind den Schutz der Eltern.
Ab ca. 2 Jahren	Es gibt Menschen, die sind größer und stärker als ich, nur mir etwas unheimlich, z. B. Jugendliche.
Ca. 2,5-3 Jahre	Die »Selbstbildung« ist erfolgt: Ich bin ein Mensch, du bist ein Mensch. Klare Zuordnung der Bezugspersonen, z.B. Vater, Mutter und Erzieherin. Jetzt beginnt die Orientierung an ihnen und an ihren Reaktionen, z. B.: »Das hast du gut gemacht«, »Das möchte ich haben«.
Ab ca. 3 Jahren	*Kindergartenreife*: Beginnendes Erkennen von Strukturen, Abläufen und Regeln. Die Erzieherin bietet Orientierung und Schutz. Ausbau der Beziehungsfähigkeit: Das Kind macht viele Dinge *für* die Erzieherinnen wie auch *für* die Eltern.

Ca. **5 Jahre**	z.B. Unterscheidung gut – schlecht / richtig – falsch. Das Kind erkennt Abläufe und Strukturen, sie geben Halt und Sicherheit.
Ab ca. **6 Jahren**	*Grundschulreife:* Lebendiges Interesse an den Kulturtechniken. Das Kind *will* lesen, schreiben, rechnen lernen. Der Lehrer wird als solcher erkannt, das Kind richtet sich nach ihm aus. Es macht viele Dinge für den Lehrer, auch Dinge, zu denen es mal keine Lust hat wie Üben oder Hausaufgaben erledigen. Im Unterricht verhält es sich anders als in der Pause. Regeln werden erkannt und verinnerlicht.
Ab ca. **8 Jahren**	Interesse an gesellschaftlichen Zusammenhängen und Abläufen, z.B.: Wie funktioniert eine Bank, eine Post, eine Bäckerei?
Ab ca. **10 Jahren**	Das selbstständige Denken weitet sich aus. Tiefes Interesse an Sachthemen, z.B. im Bereich Naturwissenschaften, Geschichte und Fremdsprachen.
Ab ca. **11-12 Jahren**	Vertiefung von Freundschaften. Im Vordergrund steht das Interesse am Anderen, das Spiel gerät zunehmend in den Hintergrund.
Ab ca. **14 Jahren**	Andere Menschen, z.B. Lehrer, haben Schwachpunkte. Die Welt ist fehlerhaft. Was bisher absolute Gültigkeit hatte und zur Orientierung diente, wird nach und nach »entzaubert«.
Ab ca. **15 Jahren**	Eltern haben Schwächen und Fehler. Auch sie werden »entzaubert« und können infrage gestellt werden. Der Jugendliche erkennt: Ich bin ein Individuum, habe zunehmend eine eigene Meinung, einen eigenen Geschmack, habe Geheimnisse, öffne mich nicht mehr jedem.
Ab ca. **16 Jahren**	*Berufsreife:* »Letzter« großer Entwicklungsschritt. Ich hinterfrage mich selbst, erkenne meine eigenen Schwachpunkte. Ich lerne jetzt für mich. Erweitertes perspektivisches Denken: Wie möchte ich später leben, was soll die Zukunft für mich bringen? Was will ich werden?

Zur vertiefenden Lektüre empfohlen – weitere Bücher von Michael Winterhoff:

Warum unsere Kinder Tyrannen werden (2008)

€ 17,95 (D)/€ 18,50 (A)/CHF* 24,50/ISBN 978-3-579-06980-7
Hörbuch: € 7,99 (D)/€ 9,00 (A)/CHF* 11,90/ISBN 978-3-579-07625-6
Taschenbuch: € 9,95 (D)/€ 10,30 (A)/CHF* 13,50/ISBN 978-3-442-17128-6

Das Grundlagenwerk zu Winterhoffs Gesellschaftsanalyse: Partnerschaftlichkeit – Projektion – Symbiose als Problemfelder und Störungen der Beziehung zwischen Eltern und Kindern.

Tyrannen müssen nicht sein (2009)

€ 17,95 (D)/€ 18,50 (A)/CHF* 24,50/ISBN 978-3-579-06899-2
Hörbuch: € 9,99 (D)/€ 11,20 (A)/CHF* 14,90/ISBN 978-3-579-07626-3
Taschenbuch: € 9,99 (D)/€ 10,30 (A)/CHF* 13,90/ISBN 978-3-442-17202-3

Winterhoff stellt Auswege aus den drei Beziehungsstörungen zwischen Eltern und Kindern vor; eine praktische Fortführung des ersten Bandes von 2008.

Persönlichkeiten statt Tyrannen (2010)

€ 17,95 (D)/€ 18,50 (A)/CHF* 24,50/ISBN 978-3-579-06867-1
Taschenbuch: € 9,99 (D)/€ 10,30 (A)/CHF* 13,90/ISBN 978-3-442-17270-2

In diesem Band werden die fatalen Auswirkungen der Winterhoffschen Gesellschaftsanalyse von 2008 auf den Bereich der Ausbildung von jungen Erwachsenen aufgezeigt und es werden Lösungswege vorgeschlagen; Ko-Autorin ist eine Personalleiterin.

Lasst Kinder wieder Kinder sein (2011)

€ 19,99 (D)/€ 20,60 (A)/CHF* 26,90/ISBN 978-3-579-06750-6
Taschenbuch: € 9,99 (D)/€ 10,30 (A)/CHF* 13,90/ISBN 978-3-442-17410-2

In diesem Buch analysiert Winterhoff ein grundlegendes Problem der Gesellschaft, nämlich, dass sie ihre innere Ruhe verloren hat. In diesem Buch beschreibt er, warum dies so ist und zeigt Auswege auf.

Moderne Entwicklungsstörungen bei Kindern und Jugendlichen – DVD (2011)

€ 29,99 (D)/€ 29,99 (A)/CHF* 41,90/ISBN 978-3-579-07636-2

Auf dieser DVD ist Michael Winterhoff live bei seinem Grundlagenvortrag zu Entwicklungsstörungen bei Kindern und Jugendlichen zu erleben.

SOS Kinderseele (2013)

€ 17,99 (D)/€ 18,50 (A)/CHF* 24,50/ISBN 978-3-570-10172-8
Taschenbuch: € 9,99 (D)/€ 10,30 (A)/CHF* 13,90/ISBN 978-3-442-74881-5

Eine aufrüttelnde Gesellschaftsanalyse: Winterhoff will der Erziehungs- und Bildungsdebatte eine neue Richtung weisen, um uns alle vor dramatischen Fehlentwicklungen zu schützen.

Mythos Überforderung (2015)

€ 19,99 (D)/€ 20,60 (A)/CHF* 26,90/ISBN 978-3-579-06620-2

Winterhoff analysiert, dass es uns nicht mehr gelingt, uns wie Erwachsene zu verhalten. Die Gesellschaft driftet ab in eine infantile Gesellschaft. Winterhoff beschreibt, wie dies aufzuhalten ist.

Bibliografische Information der Deutschen Nationalbibliothek
Die Deutsche Nationalbibliothek verzeichnet diese Publikation
in der Deutschen Nationalbibliografie; detaillierte bibliografische
Daten sind im Internet über https://portal.dnb.de abrufbar.

Verlagsgruppe Random House FSC® N001967

3. Auflage, 2017
Copyright © 2017 Gütersloher Verlagshaus, Gütersloh,
in der Verlagsgruppe Random House GmbH,
Neumarkter Str. 28, 81673 München

Konzeptions- und Textberatung: Dr. Bettina Burchardt
Umschlag- und Innenteilmotive: © VRD – Fotolia.com
Druck und Bindung: GGP Media GmbH, Pößneck
Printed in Germany
ISBN 978-3-579-08662-0

www.gtvh.de